JPC
HK

中國文化六講

何兹全 著

目錄

自序

臺北歷史語言研究所約我去臺參加紀念傅斯年先生百年誕辰學術研討會，受新竹清華大學歷史研究所張永堂教授之約為思想文化史研究室研究生講中國思想文化問題。我寫了這本《中國文化六講》。

在這短短的六講裏，我講了產生中國傳統文化的土壤和環境，講了中國傳統文化的主流特點和發展，也瞭望了中國文化的未來。其中有幾點關涉到我對中國文化整體的認識，想在這裏先說明一下：

一　對「中庸之道」的理解

我現在深深地理解：「中庸之道」是中國傳統文化的核心。我覺得中國文化異於西方文化之處，就在於中國文化中處處貫注着「中庸之道」的思想和精神。中國傳統文化講「忠孝仁愛」、「信義和平」，講「恕」，講「禮」，講「仁政」，講「修身、齊家、治國、平天下」，總都貫注着一個「中庸之道」的精神。一切都不要「過激」，又不要「不及」；適可而止，「和為貴」。儒家是講「禮」的，但孔子就說：「事君盡禮，人以為諂也。」（《論語．八佾》）禮是好的，禮過了，人就會說是「諂」了。儒家是講「愛」的，但講得寬了，就會是「無父」、是「禽獸」。《孟子．滕文公下》：「楊氏為我，是無君也；墨氏兼愛，是無父也。無父無君，是禽獸也。」禮、愛，都不能過，過了就出毛病。可知「中庸之道」是核心。孔子說：「道之不行也，我知之矣，知者過之，愚者不及也；道之不明也，我知之矣，賢者過之，不肖者不及也。」（《中庸》）道之「行」與「明」，都靠中庸，過了，不行；不及，也不行。把「中庸之道」看做中國傳統文化的核心來觀察中西文化的差異，是會對中國文化有更深入的認識和體會的。

二　中國專制制度的形成和發展

專制制度在社會中有根，這「根」就是家族。家族有長，君權、專制制度就是從家長、族長、酋長權發展出來的，是家長、族長、酋長權的繼承和擴大。但中國專制制度不是從古就有的，它有個發展過程。我把中國自古以來政治制度的演化，分為五個階段：

（一）先秦時代。君權、貴族權、平民權三權鼎立的時代。（二）秦漢時代。君權漸強，貴族權、平民權漸衰仍力圖掙扎的時代。（三）魏晉南北朝時代。平民身份地位衰落，平民權也跟着衰落。君權、貴族權大體保持平衡、君權稍強的時代。（四）隋唐宋時代。君權恢復、貴族權削弱的時代。（五）明清時代。專制制度時代。

這種認識和解釋，不同於認為專制制度是組織大型水利工程的需要而產生，也不同於認為古代公社的繼續存在是數千年來東方國家專制主義的基礎說。中國沒有數千年不變的專制制度。

三　中國的文藝復興的開始

歐洲文藝復興，意為歐洲古代文明的恢復和興旺。古代希臘、羅馬有過燦爛的文化，中世紀衰落，到了十四世紀至十五世紀，歐洲又開始走出中世紀，恢復古代文明。城市交換經濟的恢復和發展，是歐洲文藝復興的基礎。城市產生文明。希臘、羅馬文明是城市文明，文藝復興也是城市文明。十四世紀至十五世紀歐洲文藝復興的主要表現是反對宗教觀的人文主義思潮興起。人的思想，從來世回到現世，從宗教回到人文。

隋、唐初至末，中國城市經濟在逐步恢復和興起，中唐到宋一路發展下去。金屬貨幣，又在市場上驅逐實物布帛成為唯一的交換媒介。城市經濟和城市文化生活繁榮起來。韓愈的《諫迎佛骨表》和「文起八代之衰」可以看做中國文藝復興的號角。宋明理學，市民小說《三國演義》、《水滸傳》、《儒林外史》、《紅樓夢》都反映着中國的文藝復興。由於中國資本主義遲遲不來，中國的文藝復興便持續了很長一個時期。

四　東西文化的撞擊和民族出路的求索

明末清初，特別是鴉片戰爭以後，西方文化進入中國。中國文化和西方文化發生撞擊，撞擊的結果，中國敗，西方勝。東西方文化撞擊的過程，也就是中國人民逐漸覺醒的過程。中國的仁人志士拋頭顱灑熱血，求索自救的道路。五四運動以前，中國人摸索着走了幾條道路，都以失敗告終。

仁人志士為國犧牲，是可歌可泣，可感可敬的。可悲的是：理想超越了現實，道路脱離了基礎，代價大而成功少，這是近代中國人民的大悲劇！

五　中國文化的未來

我對中國文化在未來世界能夠存在而且發揚光大，是有信心的。信心來自中國文化的精神符合人類未來社會的需要。人類社會總是一步步走向一體化，一步步走向和平，一步步走向世界大同，而這些正是中國文化的精髓所在。中國文化和未來世界的文化思想的精神和需要合拍。中國文化會受到重視，中國文化的前途是光輝的。

前言

什麼是文化？古今中外下的定義太多了。我不去管它。我說：文化就是人類體力勞動和腦力勞動的結果和積累。地球上，自然存在的東西之外，凡經人類體力、腦力活動而後產生的東西，都屬於人類文化。遠古的人類，拾起一塊石頭，稍加打擊便作工具使用，這便是石器。後來又有了稍微加工的石器。以前使用的就被稱為「舊石器」，新的稱為「新石器」。我們研究人類史前史，便稱前者為「舊石器時代」或「舊石器文化」，後者為「新石器時代」或「新石器文化」。人類一路走下來，有了畜牧業、農業、手工業、近代企業，有了鐵路、汽車、飛機、原子彈，有了政治組織，有了學術，等等。事態萬端，都是文化。

我是學社會史、經濟史、古代史的。雖然文化無所不包，經濟、社會都在文化範疇之內，但一般所說的狹隘的文化範疇的東西，我是生疏的、不內行的。當然這不是說一無所知。有些問題，自己雖然沒有深入地研究，但總有些意見和想法。我是個愛國知識份子。我走的是胡適、傅斯年、陶希聖、錢穆眾家老師的路。對政治是「黑門」，書獃子，但好想問題，又喜發表意見。現在我就只在中國文化整體方面，提幾個問題，略述自己的一些想法。請方家指正。

擬講六題，題目如下：

（一）影響中國文化素質的兩個根源

（二）國家形態——走向專制

（三）中國傳統文化的幾條主流

（四）中國的城市復興和文藝復興

（五）近代中國的新思潮

（六）中國文化的未來

要之，要說點中國文化整體的東西。從古到今，中國人是怎樣生活過來的。從過去看現在，從現在想將來，看看中國文化對人類有什麼貢獻，對未來還會有什麼貢獻。

如此簡單，如此而已。

第一講

影響中國文化素質的兩個根源

中國文化有中國文化的特點，有中國文化的素質。在我看來，使中國文化有這些特點和素質的，有兩個根源：一個是農耕生活，一個是家族本位；一個是外在的，一個是內在的。中國文化的特點和素質，都受有這兩個根源的影響。

一 農耕生活

錢穆先生研究人類文化，認為人類文化，從源頭處看，大別之不外三型：一是遊牧文化，二是農耕文化，三是商業文化。遊牧文化發生在高寒的草原地帶，農耕文化發源在河流灌溉的平原，商業文化發源在濱海地帶以及近海的島嶼。三種自然環境，決定了三種生活方式；三種生活方式，形成了三種文化類型。

地中海的商業文化，發展出古希臘、羅馬文化，再發展出近現代歐洲文化和文明。農耕型文化，有埃及、兩河流域、印度和中國，都創造了燦爛的古代文明。其中，中國文化一線，不但一直延續下來沒有中斷，而且逐步擴大，由東往西，由北往南，由黃河流域而長江流域，而珠江流域。不像埃及、兩河流域乃至印度，中間幾換主人，文化未能一線發展下來，而且除印度外，局面都不大。因為局面不大，就常常被外來勢力征服。遊牧型文化，古代歐洲有日爾曼，亞洲有匈奴、鮮卑、突厥等，其文化發展水平對後世的影響，遠不能和商業文化、農耕文化相比。在民族大遷徙後，日爾曼人即接受羅馬文化，日漸脱離遊牧文化，遊牧文化圈日漸縮小。儘管日爾曼族是偉大的，日後對近代歐洲文化有很大貢獻，但那是它改革後的事，與遊牧文化關係甚小。亞洲的匈奴、鮮卑、突厥等，和日爾曼人走的是同一路線，由遊牧生活改變為接受漢人農耕生活。遊牧地區、遊牧文化圈，日漸縮小。時至今日，便只有西方歐洲文化和東方中國文化兩大系統，源遠流長，成為人類文化的兩大主幹。

我們通常總説，黃河是中國古代文化的搖籃，意思是説，黃河平原可以有水利灌溉，這話自然是對的。但應該看到的是，中下游的黃河本身並不宜於灌溉，可以灌溉的是一些黃河支流。錢穆先生有一段論述很好，他説：

普通都説，中國文化發生在黃河流域。其實黃河本身並不適於灌溉與交通。中國文化發生，精密言之，並不賴藉於黃河本身。他所依據的是黃河的各條支流。每一支流之兩岸和其流通黃河時兩水相交的那一個角裏，卻是古代中國文化之搖籃。那一種兩水相交而形成的三角地帶，這是一個水椏杈，中國古書裏稱之曰「汭」。汭是在兩水環抱之內的意思。……我們若把中國古史上各個朝代的發源地和根據地分配在上述的地理形勢上，則大略可作如下的推測。

唐、虞文化是發生在現在山西省之西南部，黃河大曲的東岸及北岸，汾水兩岸及其流入黃河的椏杈地帶。

夏文化則發生在現在河南省之西部，黃河大曲之南岸，伊水、洛水兩岸，及其流入黃河的椏杈地帶。

周文化則發生在現在陝西省之東部，黃河大曲之西岸，渭水兩岸，及其流入黃河之椏杈地帶。

這一個黃河大隈曲，兩岸流着涇、渭、伊、洛、汾、涑幾條支流，每一條支流的兩岸，及其流進黃河三角椏杈地帶裏面，都合宜於古代農業之發展。而這一些支流的上游，又莫不有高山疊嶺及其天然的屏蔽，故每一條支流實自成為一小區域，宛如埃及、巴比倫般，合宜於人類文化之生長。【二】

比起埃及、巴比倫，甚至印度，中國是個大農業區。這個大農業區實則包括許多小農業區。中國古代的農民，分別在這些小農業區生活發展。這些小農業區又多有自然條件如高山峻嶺，使它們互相劃分開來，但又不妨礙它們之間的交往。小區域發展起來之後，又彼此聯合成大農業區。如此逐步聯合，逐步擴大，黃河中下游合為一體，黃河流域、長江流域、珠江流域合為一體。內大平原，外隔沙漠、大洋，與海外、域外隔絕。待秦漢大一統後，才與南洋、印度、西域各民族接觸。或則海域遼遠，或則弱小，已皆不足為患。漠北遊牧民族如匈奴發展強大起來之時，漢民族已形成一大農業區統一整體，足以和它抗衡，保護自己。

這一歷史條件，使中國農耕文化得以繼續發展，不像埃及、巴比倫之被中斷。錢先生這些論斷，都是很精闢的。

但是，說一地區一民族的文化類型受地理條件、自然環境決定，並不是說一地區一民族的各種事物、社會歷史發展，都要由地理環境直接來決定。比較早提出地理環境對人類歷史發展有決定作用的學說的，是法國啟蒙思想家孟德斯鳩。他認為國家幅員大小、氣候寒暖、土地肥瘠等，對這一國家的形式、法律性質、民質民俗、文藝、宗教等一切一切，都有決定性的影響。例如，他認為地理環境決定風俗厚薄，他說：「高寒之國，其民風儉於東方，所以怡情者寡。至於溫帶稍增，而熱帶輒流於淫佚。」【二】地理環境決定宗教盛衰。「亞洲僧道妖巫之眾，隨其土之熱度而增。印度最熱，故其數亦最多。歐之神甫祭司，其所以為眾寡亦然。」【三】這樣說就有些過頭了。

其實，《史記．貨殖列傳》和《漢書．地理志》裏，就多有地理環境和人的氣質風俗習慣的關係的論述，時間就比孟德斯鳩早多了。

把孟德斯鳩學說在中國大加宣揚的是梁啟超。嚴復譯《法意》，邊譯邊隨處提出他的不同意見，而梁啟超卻於一九〇一年左右連續寫了幾篇文章，對地理環境決定論之說大加宣傳。他把地理環境分為地勢、地氣兩者。地勢包括高原、平原、海濱等地形、位置及地質條件，地氣即熱帶、溫帶、寒帶等不同的氣候條件。梁氏反復論證，世界各國各民族的社會歷史無不受到地勢、地氣的決定性影響。他寫了幾篇文章來申述這個問題。

馬克思主義在中國最早的介紹人之一李大釗，也很看重地理環境對人類的生活、思想、心態的影響。他在《東西文明根本之異點》一文中說：

東西文明有根本不同之點，即東洋文明主靜，西洋文明主動是也。溯諸人類生活史而求其原因，殆可謂為基於自然之影響。蓋人類生活之演奏，實以歐羅細亞為舞臺。歐羅細亞者，歐亞兩大陸之總稱也。歐羅細亞大陸之中央有一凸地曰「桌地」(Tableland)，此與東西文明之分派至有關係。因其地之山脈不延於南北，而亘乎東

> 西，足以障阻南北之交通。人類祖先之分佈移動乃以成二大系統。一為南道文明，一為北道文明。……南道文明者，東洋文明也；北道文明者，西洋文明也。南道得太陽之恩惠多，受自然之賜予厚，故其文明為與自然和解、與同類和解之文明。北道得太陽之恩惠少，受自然之賜予嗇，故其文明為與自然奮鬥，與同類奮鬥之文明。一為自然的，一為人為的；一為安息的，一為戰爭的；一為消極的，一為積極的；一為依賴的，一為獨立的；一為苟安的，一為突進的……一為自然支配人間的，一為人間征服自然的。南道之民族，因自然之富、物產之豐，故其生計以農業為主，其民族為定住的。北道之民族因自然之賜予甚乏，不能不轉徙移動，故其生計乃工商為主，其民族為移住的。唯其定住於一所也，故其家族繁衍；唯其移住各處也，故其家庭簡單。家族繁衍，故行家族主義；家族簡單，故行個人主義。前者女子恒視男子為多，故有一夫多妻之風，而成賤女尊男之習。後者女子恒視男子為缺，故行一夫一妻之制，而嚴尊重女性之德。……此東西文明差異之大數也。

李大釗在他的另外一篇文章《由經濟上解釋中國近代思想變動的原因》裏【四】，也發揮過這種思想。

李大釗顯然受有孟德斯鳩的影響。馬克思主義者自普列漢諾夫就看重地理自然環境對人類生活、文化的影響，李大釗的這種說法也就不足為怪了。

但我們卻要看到，隨着人類經濟發展和科學進步，地理環境、自然條件對人類的影響和支配會越來越小。交換經濟的發展，擴大了人類的生活境界，使人類的生活不再只依靠本地的產品，通過交換可以取得本地以外各處的物品。荀子說過：

北海則有走馬吠犬焉，然而中國得而畜使之。南海則有羽翮、齒革、曾青、丹幹焉，然而中國得而財之。東海則有紫紶魚鹽焉，然而中國得而衣食之。西海則有皮革、文旄焉，然而中國得而用之。（《荀子・王制篇》）

從荀子的話裏，我們可以看到，戰國時候交換經濟已在逐漸改變各地的自給自足了，這便削弱了地方自然環境對人類生活的支配力。商品交換和人來人往，使地理環境對人的生活、文化的影響越來越小。

高科技的進步發展，更使地理環境的影響逐步縮小，越來越小。機器的創造、文明的進步，使人們的生活逐漸脫離土地的支配，使人們的生活大大地不依靠農業、牧畜業、漁業。人類越原始，吃、填飽肚子在生活中的地位越重要。人和動物一樣，一天到晚地奔波都是為吃。吃越重要，越離不開自然環境的影響甚至支配。人越文明、科技越發展，自然環境的影響、支配力就越小。人們日常生活中所用的，已不是簡單的自然生產物品，而是經過加工製造的。就是吃的東西，也都是經過加工製造的。科學技術越發展，自然環境的作用就越小。以今天世界各地人民的物質文化來看，問題就更清楚了。資本主義和科學技術已使南歐的義大利、法國和北歐的瑞典、挪威過着大體相同的生活，都是高樓大廈，都是電燈電話，都是汽車、飛機。地理環境、自然條件對人類生活的影響和支配力越來越小，已是明顯的事實。

說自然環境對人的影響越來越小，是就發展來說的，卻並不是說自然環境對人的思想、心態的影響會消失，更不是說自然環境對人的思想、心態已經起過的影響，如一個民族國家已經形成固定下來的文化類型，會走向消失。這是不會的。不但不會消失，而且是永遠起着作用，即使將來全人類文化統一成一個體系，歷史上的各種主要文化思想仍會點點星星地、成塊地作為新體系的一部分，保存下來。

在傳統農耕生活的基礎上滋長着中國傳統文化中天命、和平、中庸、融合等因素。

二　家族本位

自然環境、地理條件，是外在力量，它影響中國文化類型，使中國必然是農耕型文化。家族，是內在因素。家族，在中國文化、中國歷史、中國社會中的地位是很突出的。它對中國文化歷史的道路、方向、內涵和特性，都有深刻的影響。錢穆先生在《中國文化史導論》裏曾說：

> 家族是中國文化最主要的柱石，我們幾乎可以說，中國文化全部都從家族觀念上築起，先有家族觀念乃有人道觀念，先有人道觀念乃有其他的一切。中國人所以不很看重民族界線與國家疆域，又不很看重另外一個世界的上帝，可以說全由他們看重人道觀念而來。人道觀念的核心是家族不是個人。【五】

「家族是中國文化最主要的柱石」，錢先生這話，說的是極好的，抓住了中國文化的核心。

西方文化與中國文化不同，西方文化可以說是個人文化，國家、政治、社會，一切都建築在有獨立人格的自立的個人基礎上。個人直接對國家。居民是國家公民，公民對國家負責，國家對公民負責。家族不佔重要地位，沒有居間作用。中國文化則可以說是家族文化，個人組成家，家再組成社會、組成國家。家族居於中間地位，也居於「中堅」地位。國從家來，家是小國，國是大家。君權來自家長權。家長就是家君，國君就是一國的家長、族長。

「五四」時期，陳獨秀就談過這個問題。他說，西洋民族以個人為本位，東洋民族以家庭為本位：

西洋民族，自古迄今，徹頭徹尾個人主義之民族也。……舉一切倫理、道德、政治、法律、社會之所嚮往，國家之所祈求，擁護個人之自由權利與幸福而已。……法律之前，個人平等也。個人之自由權利，載諸憲章，國法不得而剝奪之，所謂人權是也。……東洋民族，自遊牧社會，進而為宗法社會，至今無以異焉。自酋長政治，進而為封建政治，至今亦無以異焉。宗法社會，以家族為本位，而個人無權利。一家之人，聽命家長。《詩》曰：「君之宗之。」《禮》曰：「有餘則歸之宗，不足則資之宗。」宗法社會尊家長，重階級，故教孝。宗法社會之政治……一如家族，尊元首，

重階級，故教忠。忠孝者，宗法社會封建時代之道德，半開化東洋民族一貫之精神也。【六】

東洋，主要指中國。

父家長制家族，在夏商時期就出現了。夏商的王家世系都是父子相承的，太史公司馬遷還寫了《夏本紀》和《殷本紀》。太史公選夏商作為一個新時代的開始，使它和以前的時代區別開來，總反映一點歷史時代的變化。

但商末周初，商周兩族的社會仍是以氏族為社會的組成單位。周滅商後，殷民是一族一族地被分給周族貴族去共同建立新國。周武王伐紂，他率領的有：庸、蜀、羌、髳、微、彭、濮人，這大約都是周族部落聯盟下的一些氏族部落，而千夫長、百夫長則是周族內部一些大小氏族長。

西周後期、春秋戰國時代，是氏族解體向小家族演化的時期。氏族的解體演化，是兵分兩路來進行的。一般氏族成員是一路，氏族貴族又是一路。

西周後期和春秋時期，八口之家或五口之家的小家庭，在社會上已顯著存在。我們在《詩經》裏看到一些詩篇，描寫征人對家人的懷念或家人對征人的懷念，多半不出父母兄弟和妻室，氏族的影子就很淡薄了。

春秋時期，小家族已是比較普遍了。《左傳》昭公十三年（前五二九年）載：

（楚靈）王聞群公子之死也，自投於車下，曰：「人之愛其子也，亦如予乎？」侍者曰：「甚焉！小人老而無子，知擠於溝壑矣！」

小人指一般人民，老而無子，無人贍養，就只有死於溝壑了。這說明民間已是一家一戶的小家族了，氏族組織的關係已看不見。直到今天，怕老而無子無人贍養，仍是農村多生兒子的一大原因。

戰國時期，五口之家或八口之家的小家族，更是普遍存在了。戰國初期李悝協助魏文侯進行改革，當時的農民是「一夫挾五口，治田百畝」（《漢書・食貨志》）。稍後的孟子也說：「百畝之田，勿奪其時，八口之家可以無飢矣。」（《孟子・梁惠王上》）

商鞅變法規定，「民有二男不分異者，倍其賦」（《史記・商君列傳》）。有二男以上就要分家，這是小家族中的小家族了。

在氏族分解為家族的同時，不同氏族的家族也出現混居的情況。社會仍是以家族為最基層單位，但基層家族以上已不是按血緣排上去的氏族、部落，而是混入地緣關係，出現鄰里鄉黨地方組織。《周禮．大司徒》記載：

令五家為比，使之相保；五比為閭，使之相受；四閭為族，使之相葬；五族為黨，使之相救；五黨為州，使之相賙；五州為鄉，使之相賓。

《周禮》大概是戰國時代編纂成書的，但它有戰國以前的材料，它也反映戰國以前西周和春秋的情況。

《管子．小匡》中也有記載：

桓公曰：「參國奈何？」管子對曰：「制國以為二十一鄉，商工之鄉六，士農之鄉（《國語．齊語》作「士鄉」）十五。……制五家為軌，軌有長；十軌為里，里有司；四里為連，連有長；十連為鄉，鄉有良人。三鄉一帥。」桓公曰：「五鄙奈何？」管子對曰：「制五家為軌，軌有長；六軌為邑，邑有司；十邑為率，率有長；十率為鄉，鄉有良人。三鄉為屬，屬有帥；五屬一大夫。武事聽屬，文政聽鄉。」

《管子》所記大概是齊國的情況。這裏還看出國、野的遺跡，家、軌、邑、率、鄉、屬，名稱有所不同，內容差不多。制鄙好像在鄉之上多出一層「屬」，但制國是「三鄉一帥」。「五屬一大夫」，似鄙中也是有十五鄉，也是有五帥。

就《管子》所載來看，齊的地方行政（也是軍事的）組織，無論國的家、軌、里、連、鄉，還是鄙的家、軌、邑、率、鄉、屬，血緣關係都反映得少些。這或許是由於齊地商業交換經濟發達，人來人往混居情況複雜所致。時至今日，我所出生的山東菏澤地區，仍是一村幾乎是一姓，都是叔叔、伯伯。村以上的鄉鎮，就是各姓混居。

西周春秋戰國時代的社會，無論是同姓氏族解體出現的同一家族區，還是各族已混居的地域區，社會構成都是以「家」為基礎。社會的上層都建築在「家」這一基礎上。

貴族之家的氏族組織，解體似乎緩慢些，時間也比較遲些。我們從文獻中，特別從《左傳》中可以看到，春秋時期貴族的氏族還維繫着，各國大小貴族的背後還有一個族。族人有困難時，貴族或宗子，有給予救恤的義務。《左傳》文公十七年中說：

> 宋公子鮑，禮於國人。宋饑，竭其粟而貸之。……親自桓以下無不恤也。

貴族或者宗子和他們的族人是禍福與共的，貴族於政治鬥爭失敗，全族都要被消滅或放逐。春秋時期，這類事還常常發生（參見《左傳》宣公四年、五年、十年、十三年等）。還有由族人組成的族兵，跟隨本族貴族出兵作戰（參見《左傳》宣公十二年、成公十六年等）。

貴族氏族關係解體慢，或許和宗法制有關。

周人創立了宗法制（商人似乎還沒有宗法制）。宗法制幫助氏族貴族維護它的氏族關係。周人滅商，是「小邑周」滅「大邑周」。為了鞏固周人的統治，有加強周族自身團結的必要，於是有了宗法制的出現。宗法制的本質，就是以宗法形式維持變相的氏族形式。《禮記．大傳》一條記載，可以見出宗法制的一些彷彿。《大傳》云：

> 別子為祖，繼別為宗，繼禰者為小宗。有百世不遷之宗，有五世則遷之宗。百世不遷者，別子之後也；宗其繼別子之所出者，百世不遷者也。宗其繼高祖者，五世則遷者也。尊祖，故敬宗；敬宗，尊祖之義也。是故有繼別之大宗，有繼高祖之宗，有繼曾祖之宗，有繼祖之宗，有繼禰之宗，是為五宗。其所宗者，皆嫡也；宗之者，皆庶也。

劉家和教授曾以樹幹和樹枝的關係來形象化地說明宗法制。其文如下：

宗法制度很像一棵大樹，樹的主幹就是大宗，世世代代由嫡長子繼承；樹的分枝，就是小宗。不過，分枝又是有系統的，大枝對於由它分出的小枝來說，又可以稱是大宗。小枝對於大枝來說自然是小宗。不過小枝還有由它分出的更小的枝。這樣可以依次分為五個層次。【七】

在以後的中國歷史上，大家族和小家族兩種形式，就繼續平行地存在和演進着。它們各自起着自己的作用。小家族五口之家是國家徭役稅收的基礎；大家族是統治者的助手，又是對手。

秦漢以下，五口、八口的小家族的變化不大。商鞅變法規定「民有二男不分異者倍其賦」，對小家族的影響似乎不大。西漢初年的陳平，就是和他兄嫂一起過活的（參見《史記·陳丞相世家》）。晁錯說到社會人口時，是說：「今農夫五口之家。」（《漢書·食貨志上》）西漢人口是一千二百多萬戶，五千九百多萬口，平均每家為四點八七人，仍是五口之家。當然，小家族和大家族並不是一成不變的。小家族由於貴了、富了就會升為大家族；大家族窮了、賤了會降在皂吏，變為小家族。這情況，春秋時代就已出現。晉國貴族冀缺，失敗之後就在齊國種地，他妻子給他送飯，已是數口之家的小家族了（參見《左傳》僖公三十二年）。陳平做了丞相之後，家有奴婢數百口，小家族就變成大家族了。

秦漢以後，歷代的大家族在形式上和組成上卻常有變化。

秦和西漢初期，大家族的面貌是六國舊貴族和豪族。有名的舊貴族，楚有景、昭、屈，齊有諸田，豪宗強族更多。在當時，這些大家族也都是編戶齊民，在國家戶籍上注籍。但他們宗族間的關係仍是很密切的。他們除宗族人外，還有些賓客、奴婢，這些人口都是團聚在他們家族、宗族周圍的。他們對皇權有很大的威脅。秦始皇曾徙關東豪富之家十二萬戶於關中（《史記．秦始皇本紀》），就是為了打擊他們。未被遷徙的多已隱姓埋名（參見《史記．項羽本紀》、《史記．張耳陳餘列傳》）。劉邦徙齊諸田，楚昭、屈、景、燕、趙、韓、魏後及豪傑名家十餘萬口至關中（《史記．劉敬叔孫通列傳》）。這十二萬戶、十餘萬口，自然包括六國舊貴族和他們的宗族、賓客、奴婢。遷徙他們，都是由於他們族大、人多勢眾、威脅皇權。劉敬就對劉邦說：

諸侯初起時，非齊諸田，楚昭、屈、景莫能興。今陛下雖都關中，實少人。北近胡寇，東有六國之族，宗強，一日有變，陛下亦未得高枕而臥也。臣願陛下徙齊諸田，楚昭、屈、景、燕、趙、韓、魏後，及豪傑名家居關中。無事，可以備胡；諸侯有變，亦足率以東伐。此強本弱末之術也。（《史記．劉敬叔孫通列傳》）

西漢後期，出現儒學世家。東漢時，儒學世家又進而為世家豪族。如袁、楊兩家，都是四世三公，又多儒學大師，門生、故吏遍天下。

兩漢時期，舊貴族、豪俠、儒家外，又出現豪富商人。西漢初他們已是「因其富厚，交通王侯，力過吏勢」（《漢書．食貨志上》）。大冶鐵商卓氏，在臨邛「即鐵山鼓鑄，運籌策，傾滇蜀之民，富至僮（奴隸）千人」（《史記．貨殖列傳》）。經過百年以上的發展，東漢的商人已是「身無半通青綸之命，而竊三辰龍章之服；不為編戶一伍之長，而有千室名邑之役」（仲長統：《昌言．損益篇》）。東漢末年大商人東海糜竺，「祖世貨殖，僮客萬人，貲產巨億」（《三國志．蜀志．糜竺傳》）。劉備在徐州為呂布所襲，正在倒霉的時候，「竺於是進妹於先主為夫人，奴客二千，金銀貨幣以助軍資」。劉備「賴此復振」。糜竺所進的妹，就是糜夫人。

魏晉南北朝隋唐大家族的特點是門閥世族。他們也有個發展過程，東晉南朝為最盛

期，東晉政權實際上是掌握在門閥世族手裏。【八】

秦漢魏晉南北朝的大家族，一門之內都是幾十口或百口，即所謂「百口之家」。靈帝延熹年間，越岐避禍隱姓埋名在市上賣餅，安丘地方大族孫嵩認出他來，說：「我北海孫賓石，闔門百口，勢能相濟。」董卓殺袁紹家族，一門之內，大小尊卑，死者五十餘人（《後漢書·袁紹傳》注引《獻帝春秋》）。馬超臨死上疏說：「臣門宗二百餘口，為孟德所誅略盡，唯有從弟岱，當為微宗血食之繼。」（《三國志·蜀志·馬超傳》）馬超這一門二百餘口，至少包括同祖兄弟，即他家至少是三世同居。北魏後期，大臣楊播，「一家之內，男女百口。緦服同爨，庭無閑言」（《魏書·楊播傳》）。楊播之弟楊椿也說過：「吾內外百口，何處逃竄，正當坐任運耳！」（《魏書·楊播傳》附《楊椿傳》）緦服是對高祖父的喪服。「緦服同爨」，就是五世同堂。大家族四世、五世同堂，是常見的。如北齊楊家就是「一門四世同居，家甚隆盛，昆季就學者三十餘人」（《北齊書·楊愔傳》）。楊椿、楊愔，都是弘農（恒農）華陰人，當是東漢名家楊震之後。此一大家族歷數百年不衰。

這一時期，社會上存在着大大小小眾多大家族。他們之中高級的在朝中做官，把持朝政；中級的把持地方政治；小的魚肉鄉里。

魏晉南北朝大家族的特點除政治社會經濟方面有特權外，就是他們有眾多的部曲、客等依附民。他們和皇權平分戶口，他們的依附民都是「客皆注家籍」（《晉書·食貨志》），不在國家戶籍注籍。

北朝存在着「宗主督護制」，小家族圍繞着宗主之家聚族而居，小的可有五十家、三十家為一戶，多的可有數百家數千家。北魏末居於殷州西山李魚川的李顯甫，一宗多至數千家（《北史·李靈傳附顯甫傳》）。北齊時「瀛冀諸劉，清河張、宋，并州王氏，濮陽侯族，諸如此輩，一宗將近萬室，煙火連接，比屋而居。獻武初在冀郡，大族猬起應之；侯景之反河南，侯氏幾為大患。有同劉元海、石勒之眾也」（《通典》卷三引宋孝王《關東風俗傳》）。勃海蓨縣高乾一家兄弟，或如高慎「以本鄉部曲數千人自隨」，或如高季式，「自領部曲千餘人」，或如高昂「自領鄉人部曲……等三千人」（《北齊書·高乾傳》）。

北朝的宗主督護制大約有兩個來源，一個來源是漢族人的組合。永嘉亂後，一等大家族大多逃到南方去了，留在北方的大家族或雄武之人，就把族人和鄉里姻親鄰居組織起來自衛。這些組織，有的失敗了，有的解體了，有的一直留存到北朝。另一來源是少數民族定居後，仍保留氏族部落的宗族組織。《魏書·官氏志》：「登國初，太祖散諸部落，始同為編民。」《北史·外戚賀訥傳》：「其後離散諸部，分土定居，不聽遷徙。其君長大人皆同編戶。」分土定居，是很自然的。既然不遊牧了而來到了農業區，自然會定居下來。但離散諸部、其君長大人皆同編戶，卻不那麼簡單。君長大人們離開對部落宗族的統領權，不會那麼容易。以宗主督護制的形式，仍保留他們對宗族的統領權，是很可能的。宗主督護制，成為社會上另一種大宗族形式。

宋以後的大家族，政治特權逐漸縮小，但在社會上、經濟上仍有優越地位。

秦漢豪宗強族和魏晉南北朝的門閥世族，所以能夠強大，原因主要是人身依附關係的存在。秦漢的依附關係主要是奴隸和奴隸主關係，大家族都有成百上千甚至上萬的奴隸。在奴隸、奴隸主關係的基礎之上，也發展出來賓客關係，大家族都有眾多賓客。魏晉南北朝的依附關係主要是依附民，如部曲、客和封建主的關係。大家族都有成百上千甚至上萬的依附民。奴隸和依附民，都是在國家戶籍中沒有籍的。奴隸和「客注家籍」的依附民一樣，注籍在主人的奴籍中（漢代大家族的賓客仍是國家的編戶齊民，在國家戶籍中注籍的）。

賓客、奴隸、依附民，是秦漢魏晉南北朝大家族的物質基礎。有了這個物質基礎，他們才有政治上的特權。門閥制度、士庶隔絕制、特權世襲制度，都是在依附關係、人口分割制這個基礎上建立的。佔有人口，遠比佔有土地重要。以土地佔有為封建制基礎的是不懂這個道理的。隋唐中葉和宋以後，依附關係、人口分割制破壞了，代之而起的是契約制，地主和佃戶要「明立要契」、「收成依契約分」（《宋會要輯稿・食貨》卷六三）。其實租佃制在唐玄宗時就已經出現了。建立在依附關係這一基礎之上的門閥制度等，也就跟着式微和破壞了。宋李燾說：「唐末五代之亂，衣冠舊族多離去鄉里，或爵命中絕，而世系無所考。」（《續資治通鑑長編》卷一〇三）王明清說：「唐朝崔、盧、李、鄭及城南韋、杜兩家，蟬聯珪組，世為顯著，至本朝（宋）絕無聞人。」（《揮麈錄・前錄》卷二）

把門閥制度的破壞歸因於「唐末五代之亂，衣冠舊族多離去鄉里」，說服力是不強的。西晉末年永嘉之亂，衣冠舊族多逃往江南，門閥世族不僅未因此而毀，反而更盛。門閥世族之敗，敗在依附關係的衰落。而依附關係的衰落，又是城市經濟、交換經濟發展的結果。城市產生文明。唐宋時期，城市交換經濟的發達，販夫走卒，交易來往使人有定居、土有定主的關係逐漸破壞，出現「貧富無定勢，田宅無定主」的形勢，而依附關係也就隨之衰落了。

大家族門閥世族依附關係的破壞，使依附民從依附關係中解脫出來，成為國家的編戶民；五口之家的小家族，在社會上更普遍化了。

從大家族和皇權的關係方面說，大家族有二重性。它勢力強大了，對皇權構成威脅，秦皇漢武都打擊它。但在維護社會安定方面，它又是皇權的得力助手。如何維持大家族的存在，使其一面發揮維護社會安定的作用，一面又能成為皇權的助手，成為理學家考慮的問題。理學家看到唐末五代政治局面和社會治安長期的動亂不穩定，使他們更注意大家族在這方面的作用。

經宋理學家設計、後代人補充的大略如下：

（一）發揚尊祖敬宗的宗法精神，利用現存聚族而居的形式，以祖廟、祭祀、族田、族譜、族規、族學等制度和法規，把同族人聯繫起來；以族約、族規、尊祖、親親等教育族人。使家族和睦、團結，並使家族組織成為社會安定的因素，不是對抗的因素。

（二）鼓勵宗族中的大家成為宗族中的模範家族。這些大家往往是政治上有地位的做官人家，社會上有聲望、有文化學術的人家，經濟上富有、有土有財的人家。這些大家族的家長，最好能成為全族的族長。族長有權威管理族中的事和人。

宋以後的家族，大略都是沿着這條設計線發展的。我對宋以後家族的發展和制度無研究，我這裏願以山東菏澤何氏家族為例，略作說明。這是我的家族史。

菏澤何氏家族是明朝洪武年間由山西洪洞縣遷來的。先到河南考城，後到山東定陶，再到菏澤。從山西遷出的始祖（別子為祖）算起，五世祖何爾健為萬曆十七年進士，曾做過御史、大理寺丞、遼東巡按等職。他兒子何慶瑞是萬曆三十八年進士，工部尚書。父子兩代為官，奠定了何氏官宦門庭。直到民國年間，何家仍是菏澤大家族，有祠堂、老林、族田、族譜、族規。族長權威甚大。我幼年時，曾見過年節時分，祠堂裏張燈結綵，族人在族長率領下，環跪祠堂庭院，叩拜祖像；也曾見過族人犯規，族長於祠堂內懸掛祖宗遺像，焚香跪拜後，審問犯人，然後按倒在地上打板子。族中有管事人，在族長率領下掌管族田、祖林和祠堂祭祀等事務。族中傳下來有《訓約十四條》，傳係何爾健手訂。文長不能全錄，錄其要句如下：

約之一：吾族務要恪遵祖訓。以喪葬祭祀為重事。雖家貧分卑，不能具三牲五鼎，即豆羹盂飯，必誠必敬，竭盡孝思。

約之二：吾族務要恪遵祖訓，以倫理為紀綱，父慈子孝，兄友弟恭，夫婦和順。一家雍穆，端由於此。即同宗相處，須要安分守己。尊莫淩卑，強莫欺弱。卑幼者不許冒犯長上，富貴者宜憐窮困。循規蹈矩，宗族稱孝，鄉黨稱弟。

約之三：吾族務要恪遵祖訓，以守身為良法。……欲守其身，必先嚴絕匪彝。損己之友，且莫相交，無益之事，且莫妄做。

約之四：吾族務要恪遵祖訓，以立志讀書為正務……人能日日誦讀……讀遍典墳，窮則為通儒，為正人；達則為忠臣，為義士。有濟於國家，有光於祖宗。豈特邀一科博一第而已也。

約之五：吾族務要恪遵祖訓，以教子為遠圖。故雖家貧，亦當勉力，擇端方老誠君子，能通孝經、小學大義，堪為師範者教誨之。

約之六：吾族務要恪遵祖訓，以法戒為要道。無論宗族鄉黨，如有老成忠厚，明道德，畏法度，行正事的，便當親近效法。如有輕薄頑劣、棄禮義、損廉恥、急勢力、媚權貴、做歹事的，便要疏遠為戒。

約之七：吾族務要恪遵祖訓，以婚姻為大典。不可貪慕一時之富貴，致虧擇配之大禮。……曾見佳兒娶富貴之閨秀，以淑女嫁膏粱之子弟，下稍結局，苦不堪言者。若婿德賢良，婦非驕悍，雖與寒素聯姻，勝富貴多矣。

約之八：吾族務要恪遵祖訓，以勤儉為根本。或耕，或讀，或仕宦，或營運，或方技，總要持心公平，不恃偽詐，不惜辛勤。

約之九：吾族務要恪遵祖訓，以繼嗣為定禮。……乏嗣者，即於本族擇應繼之人以續之。……且不可過繼異姓之亂，以致亂宗滅祀，得罪祖先，不孝之罪，實莫大焉。

約之十：吾族務要恪遵祖訓，以伉儷之分須要嚴謹。

約之十一：吾族務要恪遵祖訓，以利欲為鴆毒。倘命運蹇屯，福分淺薄，不能進取功名，當訓蒙耕織為生。

約之十二：吾族務要恪遵祖訓，以嫖賭為陷阱，莫近娼妓，莫親賭棍。

約之十三：吾族務要恪遵祖訓，以防範為家法。治家須自內及外，謹守禮法。

約之十四：吾族務要恪遵祖訓，以爭鬥為惡習。須是存心和順，律己謙恭。若遇宗族鄉黨，往來交接之際，和言悅色，毋淩人。則愛人而人愛之，敬人而人敬之，暴戾之氣自消。若忿以致禍，亡軀喪命，而危父母，非名門右族之子弟也。

這十四條，大抵概括了中國傳統優良文化中「修身齊家」的精髓。

魏晉南北朝隋唐的門閥世族，與社會隔絕，「士庶之際，實自天隔」（《宋書·王弘傳》）。而這些世家豪族，又是皇權的敵對體，威脅皇權，為朝廷所不喜。宋以後的家族，大家族、閥閱世家，大都糅合於五口之家的社會之中。家族剔除了強暴之氣。

從與世隔絕，到糅合於社會之中，這是家族史中一大革命。這和科學制是配合的，使家族與皇權更加協調，更加鞏固了宋元以後發展起來的東方專制主義的政治體制。

總之，西周氏族解體後，家族分兩條路向前演進：一條是大家族，它繼承的是氏族貴族之家。它們在秦漢為豪宗強族，在魏晉南北朝為門閥世族，宋以後為縉紳家族。秦漢的豪宗強族，依靠的首先是他們的奴隸、賓客，其次是宗族。秦漢的豪宗強族，還有收族的氏族傳統，常常分財給宗族中貧困之家。越到東漢後期，皇權式微過程中，豪宗強族的勢力越大，同宗族間的聯繫也越多越強。魏晉南朝的門閥世族和社會上的同宗小家族的關係，是越來越淡薄的。南朝門閥世族和同宗小家族是很少聯繫的。大家族和小家族之間即士庶之間，「實自天隔」。宋以後的縉紳家族和同宗小家族的關係又強化起來。這種聯繫宗族血緣的關係比較強，不像秦漢主奴的味道比較濃。宋以後的同宗大家族和小家族之間，靠宗廟、族譜、族規、族田等來強化關係。

在階級社會裏，特別是封建社會裏，等級制比較嚴格，特權比較多。人人皆需要有各種關係來支持，需要有各種關係來保護。沒有特權又沒有各種關係保護的人，是最孤獨的，最無依無靠的，也是最危險的。如果要從社會地位上來看，大概是大人物需要各種支持，小人物也需要各種支持。同宗同祖，也是一種社會關係，大家族需要小家族的支持，小家族又需要大家族的保護，這就給家族以凝聚力。由於中國自古及今，主要是農業社會，農民都和植物一樣定居在村莊裏，這種凝聚力就更顯得牢固。家庭就成為亙古不變的社會基礎，社會的本位。

家族的長期存在和成為社會的本位，遂使家族成為中國文化的繁殖和滋生點。中國的傳統文化：忠孝、禮教、三綱五常、倫理，都和家族有聯繫，都是由家族而產生的。對於「西洋民族以個人為本位，東洋民族以家族為本位」以及中國家族和傳統文化的關係，陳獨秀說過一段話，說得很好，前面已引過了。

總之，農耕生活和家族是中國文化的兩個根。中國文化的特點和素質都和這兩個根有關係。中國以家族為本位和西方以個人為本位，尤成為突出的對比。西方的文化大多基於個人，中國的文化大多基於家族。家長就是一家之主。君權就是家長權的擴大，忠就是孝的延伸。

注釋：

【一】錢穆：《中國文化史導論》，北京：商務印書館一九九四年版，第二頁。

【二】孟德斯鳩：《法意》，嚴復譯，北京：商務印書館一九八一年版，第三〇九頁。

【三】同上書，第三四一頁。

【四】載《星期評論》一九二〇年新年號。

【五】錢穆：《中國文化史導論》，北京：商務印書館一九九四年版，第五一頁。

【六】陳獨秀：《東西民族根本思想之差異》，載《青年雜誌》一九一五年第一卷第四號。

【七】劉乃和：《關於中國古代文明特點的分析》，載《東西方文化研究》一九八〇年創刊號。

【八】參見田餘慶：《東晉門閥政治》，北京：北京大學出版社一九八九年版。

第二講

國家形態——走向專制

氏族部落時代，有三種權力存在：酋長權、貴族權、部落成員權。酋長權和成員權出現比較早，氏族部落中出現貧富貴賤，漸漸出現貴族階層，隨後也出現貴族權。

遠古以來，不但形成了西方文化和東方文化兩大系統，在國家形態上也出現了東西不同的兩種形態。一般說，西方繼承的是氏族部落的氏族一般成員權，走的是民主的道路；東方繼承的是酋長權，走的是集權的道路。

這是一個有待解釋的問題，有待研究的問題：為什麼亞洲民族的政治和國家形態多是走向集權的路、專制的路？西方（嚴格地講應說西歐）則一般都是走向民主的路？希臘、羅馬，政治上是民主的，貴族有權，平民也有權。對君權來說，貴族權也屬於民權方面。

近代更顯著，歐洲（西歐）走的是民主道路，東方則走的是君主集權、專制的道路，民主制很難建立起來。

當然，說西方走的是民主的道路，東方走的是集權的道路、專制的道路，是大體的劃分，而不是西方只有民主，東方只有集權、專制。絕對整齊劃一的東西，是根本不存在的。西方也有專制，羅馬有過暴君。中國也有過民主，有過共和，有過立君、出君，有過「天聽自我民聽」。但儘管有這些情況出現，仍不妨說東西方在國家形態上，在政治道路走向上，有民主和集權專制兩種形態的不同及兩條政治道路的不同。

為什麼出現這種分野，原因是什麼？根源在哪裏？也有人試圖給以解釋。地理環境決定論者孟德斯鳩認為：

風氣炎熱的地區，其民則精神疲激，水土高寒地區的人民，形神交勁，有強毅剛果之風，故不畏難而輕冒險。炎國之雌弱，故常淪為奴隸；寒國之剛勁，有以保其自由。墨西哥、秘魯，皆舊專制之國也，皆近於赤道。有以彈丸之地，猶能享其自由者，則近極地者也。【一】

德國人魏特夫（Karl A. Wittfogel，定居美國），把專制主義歸因於水利灌溉。水利灌溉需要修建設施和管理，需要有組織者，專制主義應運而生。

馬克思主義創始人之一恩格斯則認為古代公社是專制主義政治產生的根源。他說過這樣一段話：

古代的公社，在它繼續存在的地方，在數千年中曾經是從印度到俄國的最野蠻的國家形式即東方專制制度的基礎。【二】

看來，東方出現專制和農業文化、小農社會是有些聯繫的，但從氣候寒暖、水利灌溉和原始公社來解釋，說服力還是不強的，這問題有待進一步研究。現在我只根據材料說明事實。

在歷史上，東方中國也不是純無民主的。古代中國的禪讓傳說，就是古代氏族部落時代酋長由部落成員和貴族民主推選的反映。先秦時代，平民權和貴族權曾以國人、士大夫身份以各種形式和君權對抗。在對抗中，不斷進行協調，最後這兩權才逐步屈從於皇權、專制之下。

從西周到明清，是君權逐漸發展，最後走向專制主義的過程，也就是平民權、貴族權逐步衰歇的過程。這個過程，大概可以分為以下幾個階段：（一）先秦時代。這是君權、貴族權、平民權三權鼎立的時代。（二）秦漢時代。這是君權漸強，貴族、平民權漸衰仍力圖掙扎的時代。（三）魏晉南北朝時代。這是平民無權，君權、貴族權大體保持平衡，君權稍強的時代。（四）隋唐宋時代。是君權恢復，貴族權削弱的時代。（五）明清時代。是專制主義時代。茲略述如下：

一　先秦時代——君權、貴族權、平民權三權鼎立的時代

平民在政治上還是有發言權的。最有代表性的是西周厲王時候的國人暴動。厲王暴虐，國人起來把他趕跑。此後十四年，國家沒有國君，歷史上稱作「共和」。共和有兩解，一是有「共伯和」者執政，一是周、召二公共同執政。厲王逃跑時，召公把太子藏在自己家裏。十四年後，厲王死在外邊，召公等才擁立太子即位，是為宣王。宣王勵精圖治，周朝稱為中興。

據《周禮》等書的記載，周有內、外朝制度。外朝有一、內朝有二。外朝是朝萬民的地方。《周禮．小司寇》條說：

> 小司寇之職，掌外朝之政，以致萬民而詢焉：一曰詢國危，二曰詢國遷，三曰詢立君。

鄭玄注云：「外朝，朝在雉門之外者也。國危，謂有兵寇之難；國遷，謂徙都改邑也；立君，謂無冢嫡，選於庶也。」《大司徒之職》條：「國有大故，則致萬民於王

門。」

《周禮》成書可能很晚，大約再晚不會晚於戰國。無論《周禮》何時才編纂成書，書的內容決不會是編者憑空瞎造的，他使用了古代留下的材料。外朝制度，國有大事則朝萬民於王門，它反映的是部落時代的部落成員大會，有大事則開大會討論解決。

內朝有二：一在路門外，一在路門內。路門外的內朝，國君和三公、六卿大夫在此議論國之大事，亦稱治朝或正朝。路門內的內朝，亦稱燕朝。國君和左右近臣在此研討和執行政務（參見《周禮·夏官司馬下·司士》、《天官·宰夫》、《秋官司寇·朝士》、《夏官·太僕》、《禮記·王藻》、《文王世子》各條）。

路門外稱作「治朝」或「正朝」的內朝，是從氏族部落的貴族會議演化下來的。路門內也稱作「燕朝的內朝」，是從酋長和左右辦事人的會議演化下來的。氏族部落發展擴大，成員大會不方便，貴族之家的權力大起來。路門外的內朝成為貴族的權力機關。酋長向王的路上演化中，在王的身邊成長起來一批出身不必高貴的新貴。燕朝就是他們和王商量辦事的地方。

民權、貴族權、國君權和反映三權的內外朝，在春秋時期還有史跡可尋。

《左傳》和《國語》裏有不少朝國人以決定大事的記載。

《左傳》僖公十五年，秦晉作戰，晉惠公戰敗被俘。晉國貴族瑕呂飴甥為惠公出主意，「朝國人而……告之曰：『孤雖歸，辱社稷矣，其卜貳圉也。』眾皆哭」。《左傳》僖公十八年，「邢人、狄人伐衛，圍菟圃。衛侯以國讓父兄子弟。及朝眾，曰：『苟能治之，毀請從焉。』眾不可」。

這是詢立君的例子。晉惠公要讓位於他的兒子圉，衛侯（文公）請以國讓於父兄子弟，都要朝眾，即朝國人。國人不同意，讓國就不成。

《左傳》定公八年，衛侯在和晉國的盟會中受辱，欲叛晉。他先召集貴族會議，說：「寡人辱社稷，其改卜嗣，寡人從焉。」其後，衛侯又「朝國人使（王孫）賈問焉，曰：『若衛叛晉，晉五伐我，病何如矣？』皆曰：『五伐我，猶可以能戰。』……乃叛晉」。《左傳》哀公元年記載：「吳人入楚也，使召陳懷公，懷公朝國人而問焉，曰：『欲與楚者右，欲與吳者左。陳人從田，無田從黨。』」

這是詢國危。衛侯朝眾的眾，當是國人。他本決定叛晉，怕貴族不從，所以先朝大夫，以「請改卜嗣」要挾大夫。又朝國人，問是否與晉人作戰。貴族、國人都支持他，他才決定叛晉。陳懷公朝國人，以「欲與楚者右，欲與吳者左」的表決方式來決定與楚還是與吳。叛晉與否、與楚與吳，這都是關係國家存亡的大事，都由朝國人來徵詢意見，決定去從。

春秋時期，國家有大事要徵詢國人的意見，是因為國人在國家政治生活中還有強大的力量。

《左傳》閔公二年「冬十二月，狄人伐衛。衛懿公好鶴，鶴有乘軒者。將戰，國人受甲者皆曰：『使鶴，鶴實有祿位，余焉能戰。』……及狄人戰於熒澤，衛人敗績，遂滅衛」。國人還有從氏族部落時代繼承下來的部落成員的民主權力，國君要靠國人支持。得不到國人的支持，就可能國破家亡。衛懿公得罪國人而亡國，就是最形象化的例子。

春秋時期，國人對國家大事總是積極主動地表示意見的。國人對國君不滿或意見不一致，就可以把國君趕下臺，趕出國門。《左傳》僖公二十八年，「衛侯欲與楚，國人不欲，故出其君，以說於晉」。國君不好，國人就把他趕出，這在當時人的心裏認為是正常的，應該的。《左傳》襄公十四年，衛人又出其君獻公：

師曠侍於晉侯。晉侯曰：「衛人出其君，不亦甚乎？」對曰：「……夫君，神之主而民之望也。若困民之主，匱神乏祀，百姓絕望，社稷無主，將安用之？弗去何為？……天之愛民甚矣，豈其使一人肆於民上，以從其淫，而棄天地之性？必不然矣。」

師曠的話，反映了當時的人對出君的看法，也反映了當時的君臣關係。君不好，罷免他，這是人民的權、民主權。

國人能驅逐國君，也能驅逐貴族。貴族主政，處理政務不當就可能遭受國人的驅逐。《左傳》中這類事例很多，茲舉其一。《左傳》哀公十一年，「夏，陳轅頗出奔鄭。初，轅頗為司徒，賦封田以嫁公女；有餘，以為己大器。國人逐之，故出」。大臣貪污，人民有權驅逐他、罷免他，並把他趕出國外。

國人關心國事，常參與貴族與國君間的鬥爭，也常參與貴族與貴族間的鬥爭。往往是國人支持誰，誰就勝利。支持國君，國君勝；支持貴族，貴族勝。國人也有被利用的時候，錯幫了壞人。但這裏看重的是人民的政治權力，和人民在政治上的地位。《左傳》中這類事例太多了，不舉例。

古代人民的民主權力，在墨家學派中反映得最強烈。墨子主張天子、三公、諸侯國的正長，都由人民來選舉。「選天下之賢可者，立以為天子」，「選擇天下之賢可者，立置之以為三公」，「選擇其國之賢可者，立置之以為正長」（《墨子・尚同上》）。墨家集團的成員多半是社會的下層勞動者，如小手工業者，乃至遊民無產者，一種消費共產思想在墨家集團中比較流行。墨子，宋人，他們或許還有殷民族的血統關係。殷民是講迷信、信鬼神的。也許因為這種關係，加上他們是社會的下層，文化教育修養差，墨家於強烈的民主要求外，愚昧、迷信也反映得最多。

戰國時代，民主勢力還是很強的。有代表性的是士在政治上、社會上的強大勢力。士是社會上智慧的化身，國君為使他們的國家在列國競爭中能夠存在並進而強大，無不禮賢下士，求得智者對他的幫助。國君禮賢下士者中，魏文侯是最有名的。「文侯受子夏經藝，客段幹木，過其閭，未嘗不軾也。」（《史記．魏世家》）齊國有稷下，集中了一大批士大夫知識份子。貴族中「四公子養士」是最出名的。士大夫合則留不合則去，大丈夫氣概，非常神氣。如魏公子：

子擊逢文侯之師田子方於朝歌，引車避，下謁。田子方不為禮。子擊因問曰：「富貴者驕人乎？且貧賤者驕人乎？」子方曰：「亦貧賤者驕人耳。夫諸侯而驕人則失其國，大夫而驕人則失其家。貧賤者，行不合，言不用，則去之楚、越，若脫屣然，奈何其同之哉！」子擊不懌而去。（《史記．魏世家》）

戰國時代，民權、民主思想表現最強的是孟子。有一次，齊宣王問孟子：「湯放桀，武王伐紂，有諸？」孟子對曰：「於傳有之。」齊宣王說：「臣弒其君可乎？」孟子說：「賊仁者謂之賊，賊義者謂之殘。殘賊之人，謂之一夫。聞誅一夫紂矣，未聞弒君也。」（《孟子・梁惠王下》）又一次，孟子對齊宣王說：「君之視臣如手足，則臣視君如腹心；君之視臣如犬馬，則臣視君如路人（猶言路人）；君之視臣如土芥，則臣視君如寇仇。」（《孟子・離婁下》）齊宣王聽了孟子的話，也無可奈何。孟子在另外的地方還說過：「民為貴，社稷次之，君為輕。」（《孟子・盡心下》）設或有人敢在朱元璋面前說這些話，是要殺頭的。朱元璋不喜歡孟子，他差點把孟子從聖廟裏逐出去。孟子當時敢說這些話，反映戰國時代民權的高漲，君權還沒有絕對化。

先秦時代，是君、貴族、平民三權平行鼎立時代。

二　秦漢時代——君權漸強，貴族、平民權衰而力圖掙扎的時代

秦和漢的前一時期，譬如說武帝以前的時期，君權有些高漲。這和秦的起家和秦滅六國統一全國有關係，也和法家學說得到國君、皇帝的信任和使用有關係。

秦穆公以前，秦國僻在西方，被東方文明國家看不起，被視為戎、狄。諸侯國有盟會都不要秦國參加。商鞅變法，使秦國強大起來。商鞅變法打擊了貴族，也以「什伍制」貶低了平民的政治地位，強化了君權。秦始皇統一後，「收天下兵，聚之咸陽，銷以為鍾、金人十二」（《史記．秦始皇本紀》），這是使民間沒有武器；又「徙天下豪富於咸陽十二萬戶」（同上書），這是打擊舊貴族和豪俠之士。

可是貴族們的族權，仍以各種形式、面貌在以後的歷史上出現（六國舊貴族、強宗大姓、世家豪族、門閥世族、縉紳地主等）。他們的地位，歷代不衰。

秦統一後，六國貴族豪傑多隱姓埋名潛伏在民間。如楚國貴族項梁、項羽避地吳中（《史記．項羽本紀》）。又如張耳、陳餘是大梁人，秦滅魏，知道這兩人是魏之名士，下令捕得張耳者給千金，捕得陳餘者給五百金。「張耳、陳餘乃變姓名，俱之陳，為里門

監。」（《史記・張耳陳餘列傳》）

六國的貴族和社會上的豪強之士，對秦自然是仇視的。韓國貴族張良，有家僮三百人，弟死不葬，結客刺秦始皇於博浪沙。雖未成功，亦可見其仇恨（《史記・留侯世家》）。

秦末，社會上流傳着一句話，「楚雖三戶，亡秦必楚」（《史記・項羽本紀》）。對「三戶」的解釋，有說是三戶人家，有說指楚國三家大戶景、昭、屈。語意上以前說為通，實質上以後說為強。秦末農民暴動，主力當然是農民，但領導權卻是在六國貴族和接近貴族的英雄豪傑之「士」手中。張耳、陳餘受陳涉命，北略趙地，他們號召趙地豪傑說：「於此時而不成封侯之業者，非人豪也。」（《史記・張耳陳餘列傳》）張耳、陳餘的話，是戰國貴族和豪傑之士的心聲。

六國的舊貴族和豪傑之士，大都參加了反秦運動，秦就是敗亡在他們手裏。陳勝只是首事而已。

西漢政權建立後，吸取秦亡的教訓，對六國舊貴族和豪俠之士打擊得更嚴厲。對強暴的，則打殺鎮壓；安分的也要遷徙，遷到關中天子腳下。

他們的遷，是舉族同遷的。劉邦建立漢帝國後，徙齊國田氏，楚昭、屈、景、燕、趙、韓、魏及豪傑名家十餘萬口於關中（《史記・劉敬叔孫通列傳》）。漢景帝、武帝時出了一些酷吏，這些酷吏的對手不是一般人民百姓，而是貴族和豪強。

遷徙強宗大姓，成了西漢的國策。朝廷規定資產在三百萬以上的（武帝時規定），一百萬以上的（宣帝時規定），五百萬以上的（成帝時規定），都要遷徙到關中。

從歷史的角度來看，我們可以說皇帝和他們的矛盾就是君權、皇權和貴族權的矛盾。

秦始皇打擊舊貴族，卻還保存下來廷議制度，還任用博士（當時的士大夫知識份子），使他們也參加廷議。這多少有點古代貴族參政的遺跡味道，也算是「內朝制」的遺跡吧。

秦朝對農民則是壓到底層的。農民的任務就是耕、戰，耕、戰之外什麼也別管。人民的政治權力，在秦朝似乎是看不到的。

漢朝繼承了秦朝的廷議制，也有博士參加。人民在政治上的地位，比秦時應說又有些提高。漢，究竟是東方傳統文化的繼承者。

漢朝任用官吏，主要有察舉和徵辟二途。《通考》卷二八：「選舉、辟召皆可以入仕，以鄉舉里選循序而進者，選舉也；以高才重名躐等而升者，辟召也。」徵辟制似為先秦國君「招賢」辦法的遺續。郡國察舉制似起自武帝時儒家董仲舒的建議。《漢書・董仲舒傳》：「臣愚以為使諸列侯、郡守、二千石各擇其吏民之賢者，歲貢各二人（以給宿衛）。」董仲舒是以「賢良」對策的。他所謂「二人」，即指賢良。郡國守相，每年推兩位賢良給皇帝。賢良、文學，多是來自民間。公孫弘也是在武帝初即位時，「以賢良為博士」的。他是「家貧，牧豕海上，年四十餘，乃學《春秋》雜説」（《漢書·公孫弘傳》）。王吉，「瑯琊皋虞人也。少好學明經，以郡吏舉孝廉為郎，補若盧右丞，遷雲陽令。舉賢良為昌邑中尉」（《漢書·王吉傳》）。貢禹，「瑯琊人也。以明經潔行著聞，徵為博士、涼州刺史，病去官。復舉賢良為河南令。……遂去官。元帝初即位，徵禹為諫大夫」。貢禹自己説他家庭的情況是：「臣禹年老貧窮，家訾（資）不滿萬錢，妻子糠豆不贍，短褐不完。有田百三十畝。陛下過意征臣，臣賣田百畝以供車馬。」（《漢書·貢禹傳》）這裏先要弄清楚秦漢時期貧富的概念，貧富的界限是多少資財。

《史記·淮陰侯列傳》説：「韓信，淮陰人也。家貧無行，不得推擇為吏。」按景帝後元二年五月詔曰：「今訾算十以上乃得宦，廉士算不必眾，有市籍不得宦，無訾又不得宦，朕甚愍之。訾算四得宦，亡令廉士久失職，貪夫長利。」（《漢書·景帝紀》）漢時，資萬錢，算百二十七錢；「訾算十以上乃得宦」，是有十萬資產才得為吏。韓信家貧不得為吏，説明家財低於十萬。《漢書·文帝紀》贊曰引文帝的話説：「百金，中人十家之產也。」師古注說：「中謂不富不貧。」漢代，金一斤為錢一萬，百金百萬，十金十萬。家資十萬是不富不貧的中家。十萬以下，自然是貧家。韓信家貧不得推擇為吏，大約家資不滿十萬。貢禹家資不滿萬，加上田一百三十畝，仍然窮得「妻子糠豆不贍，短褐不完」。自戰國以來，五口之家有出百畝就算很理想的農民之家了，但還是個窮家。

漢代做官有很多途徑，察舉、徵辟之外，還有作郎，等等。武帝時起，儒術獨尊，博士弟子的仕途大開。所有這些途徑都為一般比較貧窮之家的人開放綠燈。可以說，這些制度特別是察舉制度，都起了協調君權和平民權的作用。在民主權已日漸萎縮的情況下，使貧民通過察舉又得到參與政治的機會，也使政府獲得從民間來的新生力量。

董仲舒和以後的儒家士大夫，可以說他們是古代平民權的代表，也可以說他們是貴族權的代表。

他們又提出「天」和「五德終始說」來壓制皇權。

「五德終始說」起自戰國的鄒衍，董仲舒承之。他把「陰陽五行說」和儒家「德教仁政」結合起來，創造了「五德終始說」。它的政治作用和影響是：士大夫知識份子用「天人相應」和「天道循環」來說明，皇帝政治修明則天降祥瑞，政治腐敗則天降災異。天不私於一家，天上五德運轉，地上皇朝與天上五德相應，也要輪換進行統治。天上換德，地上就要換朝代。董仲舒說：

凡災異之本，盡生於國家之失，國家之失乃始萌芽，而天出災害以譴告之；譴告之而不知變，乃見怪異以驚駭之；驚駭之尚不知畏恐，其殃咎乃至。（《春秋繁露》卷八《必仁且智》）

驚駭之尚不畏恐，結果如何，董仲舒尚不敢明言，只說「其殃咎乃至」，實在是就要亡國。其後的人，說得就明白多了。西漢後期的谷永就說：

天生蒸民，不能相治，為立王者以統理之。方制海內非為天子，列土封疆非為諸侯，皆以為民也。垂三統，列三正，去無道，開有德，不私一姓。明天下乃天下人之天下，非一人之天下也。（《漢書・谷永傳》）

宗室劉向也說：

王者必通三統，明天命所授者博，非獨一姓也。……自古及今，未有不亡之國也。（《漢書·楚元王劉交傳》附《劉向傳》）

這些話，是一種當時流行的思想，都是平民權的旗幟，平民把天拉到自己這一邊來，用天和君權對抗。

這是先秦「天聽自我民聽」、「天生蒸民，作之君，作之師」思想的繼承。這是民主權借天命而表現，以天命壓皇權。這是漢朝儒家的理想。王莽信這理想，他在這理想支持下，登上皇帝寶座。這是中國歷史上民主權的又一次高峰。但是王莽失敗了。雖然「禪讓」的形式還有一段時間在改朝換代時被使用，但它已是形式——虛偽的形式。此後，天只為皇帝用，不為民用了。

三　魏晉南北朝時代——君權、貴族權保持平衡的時代

繼之而來的魏晉南北朝時代，是古代貴族權的繼承者門閥世族和豪族與皇權矛盾、平民無權的時代。平民多半成了半自由的依附民。

東晉政權，是在南北門閥世族擁戴下建立起來的，它對門閥世族完全是依靠的關係。特別是初期，對王家——王導、王敦，完全依靠。當時有「王與馬共天下」之說（《晉書·王敦傳》）。元帝即位，拉王導同坐御座。東晉時期，是門閥世族繼承下來的貴族權的頂峰極盛時期。

劉宋時期，皇權已壓倒門閥世族，但在貴族門第方面，仍不許皇權干涉。《宋書·蔡興宗傳》：

> 王弘為太祖（文帝）所愛遇。上謂曰：「卿欲作士人，可就王球坐，乃當判耳，殷、劉並雜，無所知也。若徑詣球，可稱旨就席。」球舉扇曰（「球舉扇曰」上似有軼文）：「若不得爾！」弘還，依事啟奏。帝曰：「我便無如此何！」

王弘是宋高祖劉裕時的重臣，不當有此故事。非記載之誤，即必是另有一王弘。又《南史·王球傳》記載：

> 時中書舍人徐爰有寵於上，嘗令球及殷景仁與之相知。球辭曰：「士庶區別，國

之章也，臣不敢奉詔。」上改容謝焉。

皇帝「改容謝焉」和皇帝説「我便無如此何」。這是古代貴族權的繼承者門閥世族對皇權的對抗。皇帝連使門閥貴族和庶族相交的權力都沒有，貴族可以「臣不敢奉詔」來對抗。皇帝也只有「我便無如此何」，還得「改容謝焉」。

門閥世族完全控制着九品中正官人之法。人才高下，由朝廷和地方大小中正評定，政府根據中正評語任用官吏，其結果是高級官吏都為門閥世族所獨佔。西晉時便已出現「上品無寒門，下品無世族」（《晉書·劉毅傳》）及「據上品者，非公侯之子孫則當途之昆弟也」（《晉書·段灼傳》）。

漢代的察舉制度，魏晉南北朝時形式上還存在着，但已不起作用。其所以沒有作用，是因為民已無地位。漢代很多朝廷大臣都是由察舉和徵辟出身，魏晉南北朝通過察舉而登高位的可謂絕無僅有。此時期的平民，已大體降為依附民地位，政治方面已完全無權力。

總之，魏晉南北朝時期是貴族權最盛的時期。個別時期，如東晉，貴族權竟至和皇權抗衡。

四　隋唐宋時代——君權恢復、貴族權削弱的時代

隋文帝滅陳，結束了南北分裂，再建統一大帝國。君權也隨之強化，貴族權衰落。

隋文帝採取一系列措施加強皇權，加強皇帝對百官的控制，加強皇帝對人民百姓的控制。愚民政策，向專制上走。例如：

（一）開皇十二年，「制天下死罪，諸州不得便決，皆令大理覆治」（《隋書·高祖紀下》）。這是加強皇帝對地方的控制。

（二）開皇十三年二月，「制私家不得隱藏緯候圖讖……」五月，「詔人間有撰集國史、臧否人物者，皆令禁絕」（同上書）。這是加強對人民的控制，不得有反抗思想，對人對事不得有評論權。

（三）開皇十五年二月，「收天下兵器，敢有私造者，坐之」（同上書）。這是禁民間有兵器。

（四）開皇二十年十二月，「詔東宮官屬，不得稱臣於皇太子」（同上書）。這是加強皇帝的絕對權力。

（五）仁壽元年六月，「詔曰：『……國學冑子，垂將千數，州縣諸生，咸亦不少。

今宜簡省……』於是國子學唯留學生七十人，太學、四門及州縣學併廢」（同上書）。

隋唐時期，皇權發展的同時，也摸索出一條在皇權控制下，君權、貴族權，甚至對平民也適用的互相協調的路。這就是科舉制度。科舉制度找到了在皇權下貴族權和平民權的位置，使君權、貴族權、平民權協調起來。

錢穆先生對於始於隋唐，為後世所遵用，直到清末不能改變的科舉制的歷史作用，曾做如下估計：（一）此制用意，在用一個客觀的考試標準，來不斷地挑選社會上的優秀份子，使之參與國家的政治。（二）此制的另一優點，是使應試者懷牒自舉，公開競選，可以免去漢代察舉制必經地方政權之選擇。（三）在此制度下，可以根本消融社會階級之存在。人民優秀份子均有參政機會，新陳代謝，決無政治上之特權階級。（四）可以促進全社會之向上。政治權解放，民間因按年考試之刺激，而文藝、學術普遍發展。（五）可以培植全國人民對政治之興味而提高其愛國心，國家政權全部公開於民眾。（六）可以團結全國各地域於一個中央之統治。各地域按名額獲得其進士參政權，而歷年全國各地士子群集中央會試，對於傳播國家意識，交換地方情感，熔鑄一體，更為有力。【三】這段話，對科舉制的歷史作用估計得是好的，只是認為「可以根本消融社會階級之存在」，估計得高了些。階級之存在，是根本消融不了的。但它可以協調社會階級間的關係。出身於貧民的士子，考試得中，可以做官變為富貴，沖淡階級感情，維持階級平衡。特權階級永遠會有的，但通過考試使非特權階級進入特權階級，一些特權階級也會失掉政治特權和社會財富而墮入社會的貧民階層，從而打破了一個僵硬化的特權階級。科舉制不能消融階級，也不能消滅特權，但它確實起了協調階級關係的作用，緩衝了階級矛盾，維護了社會安定。

有人說，這是資本主義以前，歷史上最優秀的文官制度，這話是有道理的。從君權方面看，這也是維護君權的最好的辦法了。無怪唐太宗在端門上見新進士綴行而出，高興地說：「天下英雄入吾彀中矣！」（《唐摭言・述進士上》）

皇權壓倒平民權和貴族權後，自己便慢慢走向專制。《中國通史》一般稱秦漢時期的中國為統一的、中央集權的、專制主義的國家。這樣說實在早了些。秦漢時期，依我看只能說是統一的、半集權的（因為郡國還有很大權），還說不上專制主義的。稱秦皇、漢武為古代暴君，都比稱為專制君主合適些。

五　明清時代——專制主義時代

朱元璋開始，明清兩朝，可以稱作專制主義了。所謂專制而又主義，至少應有這幾條：（一）皇帝一人說了才算；（二）君臣關係如主奴關係；（三）法律嚴酷，視臣、民如草芥。

朱元璋洪武十三年，誅殺左丞相胡惟庸後，即廢除宰相制度，並下詔：「以後嗣君毋得議置丞相。臣下有奏請設立者，論以極刑。」朱國禎《皇明大訓記》謂：「臣下敢有奏請設立宰相者，群臣即時劾奏，將犯人淩遲，全家處死。」奏請設立宰相，這又算得了什麼，竟至淩遲，全家處死！太專制了！

專制主義下，明代的人民已不是歷史上的「編戶齊民」而是國家的「差戶」。漢代的「編戶齊民」，其含意一則是編戶都是齊等的；二則朝廷大官之家也都在編戶之內，雖宰相之子也要和編戶一樣服役。明代的編戶，則多稱為「差戶」，以服役性質不同分為各種戶。有「油戶、酒戶、羊戶、牛戶、菜戶、雅戶、醫戶各種民戶」。役戶的專業戶分得越細，越暴露皇帝的封建地主性和人民吃糧當差的被奴役性。在專制主義統治下，平民成為皇帝的差戶。除去通過科舉，平民可以提高社會身份、政治身份，參加到社會的上層官吏一行列來外，一般民戶一點政治權力也沒有了。

專制主義下受害最酷的是士人。專制主義所需要的是人民愚昧，最要打擊的是人民有智慧。士人便成為最受打擊的對象。《明史．刑法志二》記載：

及（洪武）十八年（一三八五年）《大誥》成，序之曰：「諸司敢不急公而務私者，必窮搜其源而罪之。」凡三《誥》所列淩遲、梟示、種誅者，無慮千百；棄市以下萬數。貴溪儒士夏伯啟叔侄斷指不仕，蘇州人才姚潤、王謨被徵不至，皆誅而籍其家。「寰中士夫不為君用」之科，所由設也。其「三編」稍寬容，然所記進士、監生罪名，自一犯至四犯者猶三百六十四人。

朱元璋對朝臣不如奴隸。常用嚴刑酷罰來對待士大夫。鞭笞捶楚，成為朝廷士大夫尋常之辱。廷杖尤為明朝酷刑。廷杖始自朱元璋，永嘉侯朱亮祖父子皆鞭死，工部尚書夏祥斃杖下。武宗正德三年，劉瑾矯詔百官悉跪奉天門外。頃之，下朝官三百餘人入獄。及諫南巡，命朝臣一百零七人罰跪午門五日，晚併繫獄，晨出暮入，又各杖三十。每廷杖，必遣大璫監視，眾官朱衣陪列。左中使，右錦衣衛，各三十員，下列旗校百人，皆衣襞衣，執木棍。宣讀畢，一人持麻布兜，自肩脊下束之，左右不得動；一人縛其兩足，四面牽曳，唯露股受杖。頭面觸地，地震滿口中。受杖者多死；不死，必去敗肉斗許，醫治數月乃瘉。京官每日入朝，必與妻子訣，及暮無事，則相慶以為又活一日。【四】

君臣關係如此！皇帝不僅視大臣如草芥，簡直雞狗不如，淩辱之，酷刑之，打殺之，慘無人道。此之謂專制。

明初，朱元璋懲治貪污極嚴。嚴懲貪污是好事，但並不能解決問題。大權既集中於皇帝一人之手，皇帝一出問題，全國政治就會隨之失控。明中葉以後，皇帝多昏庸不問政事，竟有數十年不視朝的。群臣看不見皇帝。君臣脫節，政務靠太監傳遞。宦官權重、驕橫跋扈，政治很快貪污腐敗。

清朝政治，和明朝比有諸多不同，但在皇帝專制獨裁上，兩者大體一樣。

總括起來說，中國的國家形態，氏族部落時期，和西方一樣有酋長權、貴族權、成員權三權。氏族部落破壞，東西方分道揚鑣。在中國則西周春秋戰國時期，大體可說是「三權鼎立」。戰國開始，君權超出發展。秦漢時期，一有豪宗強族和君權抗衡，二有五德終始和天命對皇權的抑制。魏晉南北朝，依附關係發展，平民權進一步衰落，但仍有門閥世家和君權相抗。唐宋以後，君權逐步獨盛，雖有科舉制協調君權、貴族權和平民權三者關係，使君權下面仍有人民參政的機會，但只是君權的工具而已。終至君權獨盛，至明清出現專制獨盛的國家形態。

注釋：

【一】孟德斯鳩：《法意》，嚴復譯，北京：商務印書館一九八一年版，第三五七頁。

【二】恩格斯：《反杜林論》，北京：人民出版社一九七〇年版，第一七八頁。

【三】錢穆：《國史大綱》，北京：商務印書館一九九四年版，第四〇五—四〇六頁。

【四】錢穆：《國史大綱》，北京：商務印書館一九九四年版，第六六六—六六七頁。

第三講

中國傳統文化的幾條主流

中國傳統思想文化，方面很多，我只提出四點來講：（一）天命觀念；（二）倫理思想；（三）大一統思想；（四）中庸之道。

一　天命觀念

天和天命觀念的產生和農業有關。農耕民族是靠天吃飯的，其中最重要的是水。靠近河流的可以汲取河水灌溉，不靠近河流的地區便只有靠雨水。肥料對農業很重要，但沒有水，肥料便無法發揮作用。而且在古代初耕階段，土壤中便含有豐富的肥料，草木不需施肥就可以生長茂盛。所以水在初期農業階段是頭等重要的。古代最早的農耕區域，如埃及、兩河流域、印度和中國，多在河流兩岸，也就是這個道理。

農耕民族靠水吃飯，靠水吃飯就是靠天吃飯。因此，在古代農耕民族就很容易產生上帝的觀念意識，認為有一位法力廣大無邊的帝或上帝，有一位有意志的天神在主宰着下雨。

帝或上帝和天的觀念，起源應是很早的。就文獻記載所見，殷人是已有這種觀念了。甲骨卜辭中，「帝其雨」之類的卜辭是常見的。卜辭中有無「天」字，學者中尚有不同意見。有人說卜辭中的「天」是「大」，釋「天」誤。但不管卜辭中有無「天」字，殷人是敬天的，是敬天命的。在殷人的意識裏，上帝就是天，天就是上帝。《尚書・湯誓》：「有夏多罪，天命殛之……夏氏有罪，予畏上帝，不敢不正。」這裏前說「天命」，後說「上帝」，顯然天就是上帝，上帝就是天。

在殷人心裏，天或上帝是有意志的人格化的無上神。天或上帝主管天上、人間的一切。下雨他管，國家興亡他管，人間一切吉凶禍福他都管。夏桀有罪，「天命殛之」。湯放桀滅夏，是受上天命令，「不敢不正」。周是商文化的繼承者，天和天命觀念也為周所接受、繼承。武王伐紂，也是說，「今商王受惟婦言是用……俾暴虐於百姓，以奸宄於商邑。今予發准恭行天之罰」（《尚書・牧誓》）。

做事不符合天意，天就會震怒，或警告，或懲治。武王以「彝倫攸敘」事問箕子，箕子回答說：

我聞在昔，鯀堙洪水，汩陳其五行。帝乃震怒，不畀洪範九籌，彝倫攸數。鯀則殛死，禹乃嗣興。天乃錫禹洪範九疇，彝倫攸敘。

武王死，成王即位。成王疑周公，周公居東不歸（《尚書·洪範》）。於是「秋大熟，未獲。天大雷電以風，禾盡偃，大木斯拔。邦人大恐」（《尚書·金縢》）。成王啟金縢之書，知周公之忠，泣曰：「今天動威以彰周公之德，唯朕小子其親迎。」（同上書）「王出郊，天乃雨，反風，禾則盡起。二公命邦人，凡大木所偃，盡起而築之，歲則大熟。」（同上書）做事不符合天意，天就會震怒，有以警告。

殷人、周人是既敬天又畏天的，直到孔子還說：「君子有『三畏』，畏天命，畏大人，畏聖人之言。小人不知天命而不畏也，狎大人，侮聖人之言。」（《論語·季氏》）孔子是很畏天命的。他說：「獲罪於天，無所禱也。」（《論語·八佾》）得罪了天爺，祈禱都無用。

商周之際，出現了「天命靡常」的思想。這是歷史經驗教訓的總結。《尚書·召誥》：「我不可不監於有夏，亦不可不監於有殷……唯不敬厥德，乃早墜厥命。」「夏有罪，天命湯滅之；商有罪，天又命周滅之。」由此，周人就意識到「天命靡常」。《詩經·大雅·文王》：「天命靡常，宜鑒於殷。」《左傳》僖公五年引《周書》說：「皇天無親，唯德是輔。」

這就是說，天命是常常改變的，天並不是老向着一家。天曾祐夏，夏有罪，天命殛之，又改祐商。商紂淫戲耽酒，天又祐助周。天命無常的思想，商人似亦有所認識。《尚書．微子》：「天毒降災，荒殷邦」，《尚書．西伯戡黎》：「唯王淫戲用自絕，故天棄我。」這裏面都有「天命靡常」的意識。周人的認識，更清醒，更自覺。

天命為什麼無常？商周人的最初回答是「有罪」，有罪「故天殛之」。這從上面《尚書》的引文裏可以看到。後來，周人意識到「皇天無親，唯德是輔」。與此同時或稍晚，周人又意識到天心是依民心而變的。時間大約在西周後期或春秋時期了。這是天和天命思想的發展。

《左傳》引《周書》「皇天無親，唯德是輔」，是《書》的逸文，不見於現存的《周書》。但德的觀念和思想，西周是已出現了的。據侯外廬考證，《詩．周頌》中「德」字曾見五；《大雅．文王之什》中，「德」字很多；今文《周書》十六篇中，《康誥》、《酒誥》、《梓材》、《召誥》、《君奭》、《多方》、《立政》，都有德字出現。證之周金文中《盂鼎》、《克鼎》也有「德」字，更足以明《詩》、《書》中關於「德」的記錄是可信的。【一】

從《詩》、《書》、金文有關德的記載來看，德是一種行為的準則，如：「文王之德之純」（《周頌．唯天之命》），「我求懿德」（《周頌．時邁》），「唯不敬厥德，乃早墜厥命」（《尚書．召誥》），「非我有周秉德不康寧，乃汝自速辜」（《尚書．多方》）。都可見「德」是一種準則。這種準則和天命是配合的。《尚書．康誥》：「唯乃丕顯考文王，克明德慎罰。……聞於上帝，帝休。」《尚書．召誥》：「王其疾敬德，王其德之用，祈天永命。」敬德，按德辦事，天就會祐助。

這是在天命無常，「唯德是輔」的敬天、畏天思想支配下產生的一種自求多福的思想，以敬德、用德、「明德慎罰」來「祈天永命」，求天的長期祐助。

「民」，亦見於《周書》。《周書》二十篇中，有十六篇提到民。「民」，顯然是指的人民大眾。《尚書．洪範》：「天子作民父母，以為天下王。」「汝則有大疑，謀及乃心，謀及卿士，謀及庶人。」（《尚書．洪範》通篇多作「庶民」，只此一處作「庶人」。庶人當即庶民）王有疑難，要謀及庶民，庶民是人民大眾，不會是奴隸。其他各篇中，也可見民是人民大眾和民在國家政治生活中的重要性。

《左傳》中也有很多「民」的記載，更清楚地顯示「民」是人民大眾及其在政治上的重要性。如《左傳》隱公四年，衛州籲立，欲「求寵於諸侯以和其民」，魯隱公問大夫眾仲：「衛州籲其成乎？」眾仲對曰：「夫州籲弒其君而虐用其民，於是乎不務令德，而欲以亂成，必不免矣。」以民與君對稱，更證民的地位的重要。此外說到民而又顯示民的重要性的，如：「不撫其民，能無亡乎？」（襄公三十年）「民不堪矣，將何以終」（昭公元年），「民無懷焉，國無與焉，將何以立」（昭公十三年）。

《左傳》還常常把「民」和「神」並提。如：「國將興，聽於民；將亡，聽於神。神，聰明正直而一者也，依人而行。」（莊公三十二年）「天之愛民甚矣，豈其使一人肆於民上？」（襄公十四年）「棄神人矣，神怒民叛，何以能久！」（昭公元年）「民和年豐，民和而神降之福」（桓公六年）。在《左傳》裏，還不止一處看到「民，神之主也」（見桓公六年、僖公十九年）這類的話。因此，和民、敬神成為春秋時期國家的兩件大事。

這時期的「神」，主要是指天或上帝。

與民和神關係相聯的，是天民一致的思想、天人合一的思想。天心天意是跟隨民心民意而變的，天心天意是用民心民意來表示的。天是什麼思想，看民的思想就行了。

《尚書·泰誓》裏，這種思想特別鮮明。《孟子·萬章下》引《尚書·泰誓》說：「天視自我民視，天聽自我民聽。」孟子反復申述這種思想。孟子駁斥堯舜禪讓說，他認為「天子不能以天下與人」，舜之有天下是「天與之」。但「天不言」，天與之是「以行與事示之而已」。行與事，怎樣表示？孟子說：「昔者堯薦舜於天，而天受之；暴之於民，而民受之。故曰：天不言，以行與事示之而已矣。」「使之主祭，而百神享之，是天受之；使之主事，而事治，百姓安之，是民受之也。」殷周之際天是有意志的人格化的上神的思想，孔子、孟子都是接受的，它成為儒家傳統思想的一部分。這從前面徵引的孔子、孟子言論可知。

戰國末年，又出現「五德終始說」，認為宇宙間有五種德，金、木、水、火、土德在運轉，「五德」更替當運。齊人鄒衍始倡其說。他認為「終始五德，從所不勝，木德繼之，金德次之，火德次之，水德次之」（《昭明文選》左思《魏都賦》李善注引《七略》）。人世間，朝代的更替是和宇宙間的「五德」相應的。鄒衍就說：「『五德』從所不勝。虞土，夏木，殷金，周火。」（《昭明文選》沈休文《齊故安陸昭王碑文》李善注引《鄒子》）

漢儒董仲舒把「五德終始」思想融合到儒家政治思想裏去，創造出兩漢的儒學。他的「大一統」思想取得漢武帝的信任，武帝「罷黜百家」，儒家取得「獨尊」的地位。

董仲舒所接受的「陰陽五行說」，重點在「災異論」。國家將有失道之敗，天就以災害怪異來加以警告。他說：

臣謹按《春秋》之中，視前世已行事，以觀天人相與之際，甚可畏也。國家將有失道之敗，而天乃出災害以譴告之，不知自省，又出怪異以警懼之，尚不知變，而傷敗乃至。以此見天心之仁愛人君而欲止其亂也。（《漢書．董仲舒傳》）

這種災異思想，是從《尚書．金滕》裏發展出來的。成王疑周公的故事，我們前面徵引過了。

人君不好，天就要以災異來譴告和警懼，以此見天心對人君的仁愛。這是董仲舒的災異論。董仲舒還說：「自非大亡道之世者，天盡欲扶持而全安之。事在強勉而已。」（同上書）只要勉強行道，「則德日起而大有功。此皆可使還至而有效者也」（同上書）。董仲舒這一思想，是和「五德」運轉的思想不合的。按照「五德終始說」，「五德」是運轉不停的，成功者去，運總是要轉的；人間皇朝，無論好壞，總是要「成功者去」的，朝代總是要換的。

武帝時，漢家政治社會經濟都在興盛繁榮時代，還談不到傷敗。西漢後期的天命思想，就又有發展，到了漢家德運已盡，非倒不可了。這時，在思想界佔支配地位的「三統說」和「五德終始說」，是「天命靡常說」。擁護漢家政權的劉向已說：「王者不可不明三統，明天帝所受者博，非獨一姓也。」（《漢書・楚元王劉交傳》附《劉向傳》）谷永對成帝說：「臣聞天生蒸民，不能相治，為立王者以統理之。方制海內，非為天子；列土封疆，非為諸侯，皆以為民也。」又說：「天下乃天下人之天下，非一人之天下也。」（《漢書・谷永傳》）

文化史上如何評價天命、災異、五德終始等思想觀念，是一個問題，但從政治史上看，天命觀念、五德終始觀念都對皇權起了抑制作用。在已沒有民權的時代，方制海內，列土封疆，不是為天子諸侯而是「皆以為民也」，「天下乃天下人之天下，非一人之天下」，都是極開明的思想，極輝煌的思想，對皇權起到制約作用的思想。王莽依靠「天命」取得天下，取得皇帝寶座。

東漢以後，天命思想，天下者天下人之天下，非一人之天下，衰歇了。天命思想，在三方面保留着：（一）在民間保留着。愚民無知，還信天命，求老天爺保祐。（二）在皇家保留着。皇帝還自稱「天子」。其實皇帝也自知非天之子，但他仍以天子欺騙人民。「禪讓」這套虛套，保持到隋唐。（三）在知識界保留着。有意識的人格化的天是否存在亦引起懷疑，但天人之際，天人合一的問題，仍在繼續被追求。

天和天命思想，在古代曾和民結合，提出天下是天下人的天下，非一人的天下，這是中國傳統文化中光輝的一頁。在後代，它只和天子結合，成為專制主義皇權的護身符、保護傘，這是天、天命觀念的另一面。無論怎樣看待天和天命問題，它在中國思想文化史上是一個主流，佔有一定的位置，是客觀事實。

二　倫理思想

倫理是指人和人的關係。在中國人的觀念裏，人和人的關係主要有五種，即君臣關係、父子關係、夫婦關係、兄弟關係，朋友關係。這五種關係中最重要的一環是家族關係。這五種關係中，家族關係佔了三種，而君臣關係是父子關係的擴大，朋友關係是兄弟關係的擴大，「四海之內皆兄弟也」一句古話，反映朋友關係和兄弟關係間的關係。

中西倫理思想不一樣，其中最大的差別在於：西方人的倫理思想，建立在以個人為根本的基礎上；中國人的倫理思想，建立在以家庭為根本的基礎上。西方人以個人為獨立的單位，一切從個人出發，如個人和個人、個人和社會、個人和國家。中國則以家為單位，家和國家、社會的關係，重於個人和國家、社會的關係。個人只是家的一個組成部分，沒有獨立自主的人格。

中國社會中，家庭是基本環節。在倫理觀念中，孝是重要的。其次是兄弟關係、夫妻關係。兄友弟恭，夫妻和睦。

《易．家人．彖》曰：「家人，女正位乎內，男正位乎外。男女正，天地之大義也。家人有嚴君焉，父母之謂也。父父、子子、兄兄、弟弟、夫夫、婦婦，而家道正。正家，而天下定矣。」《中庸》說：「君臣也，父子也，夫婦也，兄弟也，朋友之交也，五者天下之達道。」《孟子．滕文公上》說：「使契為司徒，教以人倫，父子有親，君臣有義，夫婦有別，長幼有序，朋友有信。」君臣、父子、夫婦、兄弟、朋友關係，乃孟子所稱的「人倫關係」，通常稱之為「五倫關係」，這是天下之達道，即天下之大道。這「五倫」中，三倫在家中，一倫在國家，一倫在社會。國家、社會的兩倫，實即家庭內兩倫的擴大與延伸。君臣一倫，是父子一倫的擴大和延伸；朋友一倫，是昆弟一倫的擴大和延伸。父是一家之長，也就是一家之君，《易傳》就說：「家人有嚴君焉，父母之謂也。」父，是「家君」。「家君」的稱號，在中國社會歷史上使用了很久。

先秦講「五倫」關係，講的是相互的關係，君臣、父子、夫婦、兄弟、朋友，雙方要共同遵守的準則，如孟子所說「父子有親，君臣有義，夫婦有別，長幼有序，朋友有信」。親、義、別、序、信，雙方都要遵守，即使雙方的義務有了不同的準則，但準則中仍是相互平等的關係，沒有不平等的含義，如《大學》所說：「為人君止於仁，為人臣止於敬，為人子止於孝，為人父止於慈，與國人交止於信。」仁與敬、孝和慈，差別不大。《禮記．禮運篇》：「何謂人義？父慈子孝，兄良弟弟，夫義婦聽，長惠幼順，君仁臣忠，十者謂之人義。」《左傳》昭公二十六年：「君令臣共，父慈子孝，兄愛弟敬，夫和妻柔，姑慈婦聽。」雙方的義務，大體也仍是對等的。

先秦時代，「忠」字的意思比較廣泛。它是對人對事的一種道德規範。以《論語》為例：

曾子曰：吾日三省吾身，為人謀而不忠乎？與朋友交而不信乎？傳不習乎？（《學而》）

子曰：君子不重則不威，學則不固。主忠信，無友不如已者，過則勿憚改。（同上書）

季康子問：「使民敬忠以勸，如之何？」子曰：「臨之以莊則敬，孝慈則忠，舉

善而教不能則勸。」（同上書）

事君盡禮，人以為諂也。（《八佾》）

定公問：「君使臣，臣事君，如之何？」孔子對曰：「君使臣以禮，臣事君以忠。」（同上書）

子曰：「參乎？吾道一以貫之。」曾子曰：「唯。」子出，門人問曰：「何謂也？」曾子曰：「夫子之道，忠恕而已矣。」（《里仁》）

子曰：十室之邑，必有忠信如丘者焉，不如丘之好學也。（《雍也》）

子以四教：文、行、忠、信。（《述而》）

子張問政，子曰：「居之無倦，行之以忠。」（《顏淵》）

樊遲問仁，子曰：「居處恭，執事敬，與人忠，雖之夷狄，不可棄也。」（《子路》）

子曰：愛之，能勿勞乎？忠焉，能勿誨乎？（《憲問》）

就以君臣關係說，須得「君使臣以禮」，才能換得「臣事君以忠」。如果「事君盡禮」，人還會「以為諂也」。事君盡禮，就是處處事君以禮（樣子像是很忠於君），還會被人認為是諂。

戰國時期，君臣關係平等的思想更有發展。君使臣以禮，臣才會事君以忠。如果君使臣不以禮，臣對君就可以不忠。《孟子．萬章下》有這樣一段對話：

齊宣王問卿，孟子曰：「王何卿之問也？」王曰：「卿不同乎？」曰：「不同。有貴戚之卿，有異姓之卿。」王曰：「請問貴戚之卿。」曰：「君有大過則諫，反復之而不聽，則易位。」王勃然變乎色。曰：「王勿異也。王問臣，臣不敢不以正對。」王色定。然後請問異姓之卿。曰：「君有過則諫，反復之而不聽則去。」

戰國時候是民主思想最強烈的時代，孟子又是戰國時期民主思想最強烈的代表人物。他曾宣稱「民為貴，社稷次之，君為輕」。他曾對齊宣王説：「君之視臣如手足，則臣視君如腹心；君之視臣如犬馬，則臣視君如國人；君之視臣如土芥，則臣視君如寇仇。」（《孟子．離婁下》）一來一往，關係是對等的。君對臣好，臣就對君好；君對臣壞，臣就對君壞。君視臣如土芥，臣就視君如寇仇。

春秋戰國或者可以加上西周，社會上主要的五種人與人的關係，即君臣、父子、夫婦、兄弟、朋友五種關係，大體就是如上所述的五種相對關係。關係是相互的，基本上是以和為主的。依周代宗法制度，全族有聽於宗子、尊敬宗子的義務。《禮記．內則》：「適（嫡）子、庶子，祗事宗子、宗婦。」宗子對宗族有收宗的義務。《管子．問》：「問鄉之貧人何族之別也？問宗子之收昆弟者以貧從昆弟者幾何家？」宗子和宗族成員的關係也是相互的。中國歷史上，歷代都有大家族制度存在。這些大家族的存在，自然各代有各代的條件，但宗法制度是它們共同的總根和基礎。

「五倫」中關係的不平等，所謂「君為臣綱、父為子綱、夫為婦綱」是後代的變化。「君為臣綱、父為子綱、夫為妻綱」是中國歷史上的所謂「三綱」。這種説法，始於漢代。秦漢大一統，君權突出出來。統一的是秦，秦自商鞅變法，採用法家思想，尊崇君權。說也奇怪，秦漢以後儒家的正統思想「三綱」，卻是法家先有的。《韓非子．忠孝》篇說：「臣事君，子事父，妻事夫，三者順則天下治，三者逆則天下亂，此天下之常道也。」（此篇是否韓非的著作，難以考定，要之為法家作品）

首先提出「三綱」這一名稱的是漢朝的董仲舒。他的著作《春秋繁露．深察名號》篇說：

> 循三綱五紀，通八端之理，忠信而博愛，敦厚而好禮，乃可謂善。

《春秋繁露．基義》篇說：

> 君臣、父子、夫婦之義，皆取諸陰陽之道。君為陽，臣為陰；父為陽，子為陰；夫為陽，妻為陰。……王道之三綱，可求於天。

天道之陰陽是有主從的。陽為主，陰為從，君、父、夫為陽，臣、子、妻為陰。君臣、父子、夫妻的關係中，已於先秦相互的關係外滲入不平等的因素。

《白虎通義．三綱六紀》論述「三綱」說：

三綱者，何謂也？謂君臣、父子、夫婦也。……故《含文嘉》曰：君為臣綱，父為子綱，夫為妻綱。……綱者，張也。人皆懷五常之性，有親愛之心，是以綱紀為化，若羅綱之有紀綱而萬目張也。

《白虎通義》是東漢章帝時儒家經義的一次總結。《白虎通義》講「三綱」，這「三綱」才正規成為儒家教義。「三綱」成為臣民的精神枷鎖，君、父、夫居主導地位，臣、子、妻居於服從地位，從此確立起來。

宋明以後，君權發展為專制主義，三綱的內涵也有變化，出現了臣對君、子對父、妻對夫必須絕對服從的思想。

在宋代理學家思想裏「天下無不是的父母」，為人子者，「盡事親之道，共為子職，不見父母之非而已」。世上所以發生「臣弒其君，子弒其父者，常始於見其有不是之處耳」（朱熹《孟子集注．離婁上》「舜盡事親之道而瞽瞍底豫。瞽瞍底豫而天下化，瞽瞍底豫而天下之為父子者定。此之謂大孝」的注）。從此君臣、父子、夫婦才成為絕對不平等的關係。君、父有不是處，都不要看。天下所以發生子殺其父，臣殺其君，都是由於臣、子看到君、父的不是之處。所以君、父有不是之處，為人臣、子者不要看，也不能看。臣、子不要看君、父的不是之處，就是要閉起眼來絕對服從！

三　大一統思想

夏商周三代，大約正在由部落向早期王國過渡，最多是個早期王國，還說不上後世所理解的統一王國。古代傳說和文獻把夏商周從部落時代區別出來，除了禹傳子家天下之外，還是有些意義的，意義在於夏商周都已是許多部落的共主。這以前，部落還是互不相屬。傳說：「禹合諸侯於塗山，執玉帛者萬國。」（《左傳》哀公七年）武王伐紂，「諸侯不期而會盟津者，八百諸侯」（《史記．周本紀》）。夏周大約是他們擁戴的共主，但他們仍都是獨立的邦國。周武王伐紂，稱同盟各邦首領為「友邦塚君」（《尚書．牧誓》）。是友邦，不是「屬邦」。周公東征武庚，仍稱各諸侯為「友邦君」（《尚書．大誥》）。

夏商在傳說時期，共主和各邦關係不得而知。商對外有征服。卜辭裏有「征舌方」，

「征犬方」的記錄。商沒有封邦建國，封邦建國自周開始。周滅商後，大舉「封建親戚，以蕃屏周」（《左傳》僖公二十四年）。「立七十七國，姬姓國獨居五十三人。」（《荀子·儒效篇》）殷商時期，共主和各邦國的關係是擁戴的關係、征服的關係，周時多了一個分封。分封，就向統一走近了一步。

商人信天，信天命，還沒有「天下」意識。周人始有「天下」意識。《周書》、《易》、《左傳》、《禮記》、《論語》都有「天下」的記載，「天下」的意識逐漸普遍。

周人所能想像的天下，大約就是當時的文明世界，包括周王和諸侯國的國和野。天下是大於諸侯國家的一個領域。春秋戰國時代的天下，實體的味道漸濃。《大學》所說「修身、齊家、治國、平天下」的「天下」，已是大於國家居國家之上的實體了，孟子「天下定於一」已是大一統，天下一統。諸侯國間的戰爭、兼併，使人產生了「定於一」的思想和希望。

中國古代的大一統思想，不僅是政治上的統一，還包括文化的統一。以血緣關係為基礎的家族或宗族，骨子裏有一種排外感情。「鬼神非我族類，不歆其祀。」（《左傳》僖公三十二年）「史佚之志有之，曰：非我族類，其心必異。」（《左傳》成公四年）這都是血緣關係排斥異族的思想意識。不是同血緣祖先，都不食他的祭祀。族類不同，心也必不一樣。但族與族之間，也有一種聯合為一體，融會為一家的因素。氏族與氏族，部落與部落是可以聯合的，夷狄、華夏也是可以融為一體的。諸多氏族聯合而為部落，諸多部落聯合而為部落聯盟，這在古代是常見的。

華夏民族，即後來的漢民族，就是一個多源的民族融合體。截止到春秋時期，民族的差異大體已比較鮮明。華夏族居住在中原地區，以現在的河南為中心向四面伸延的地區，東有夷，西有戎，北有狄，南有蠻。各個地區都有民族混雜居住的情況。中原華夏族居住的地區尤其如此。西自隴，東至伊、洛，都有戎人居住。「及平王之末，周遂陵遲，戎逼諸夏。自隴山以東，及乎伊、洛，往往有戎。」（《後漢書・西羌列傳》）齊魯之間，多有夷人。「任、宿、須句、顓臾，風姓也，實司大皞與有濟之祀，以服事諸夏。」（《左傳》僖公二十一年）

春秋時期，在華人眼裏，區分民族的似乎已不是血緣關係而是文化關係。你是華人，如果你接受了夷人的風俗習慣，你就是夷人了。一個夷人，如果他接受華夏文化，風俗習慣同於華人，他就不是蠻夷了。這種胸懷，有助於民族融合。春秋時期已出現「四海之內皆兄弟也」（《論語・顏淵》）的四海一家的思想。

春秋以來，是民族大融合時期。這些戎、夷、狄、蠻，文化水平高低不一，接觸華夏族，和華夏人通婚，參與華夏人的盟會，逐漸華化。秦始皇統一後，三十六郡之內大體已無民族區分。秦的統一，不僅是政治的統一，也是文化的統一、民族的統一。

秦始皇滅六國，出現真正大一統的帝國。秦始皇很以大一統自豪，他的臣下歌頌他說：

> 昔者，五帝地方千里，其外侯服夷服，諸侯或朝或否，天子不能制。今陛下興義兵，誅殘賊，平定天下，海內為郡縣，法令由一統，自上古以來未嘗有，五帝所不及。（《史記·秦始皇本紀》）

這不是吹牛，這是寫實。秦的統一是真實的統一，是空前的。

大一統，使宇內和平，干戈不興，人民安居樂業，享受太平日子。秦始皇琅琊刻石說：

> 皇帝之德，存定四極。誅亂除害，興利致福。節事以時，諸產繁殖。黔首安寧，

不用兵革。六親相保，終無寇賊。驩欣奉教，盡知法式。六合之內，皇帝之土，西涉流沙，南盡北户，東有東海，北過大夏。人跡所至，無不臣者。……莫不受德，各安其宇。（同上書）

這上面又說：「今皇帝併一海內，以為郡縣，天下和平。」芝罘刻石說：「秦滅六王，闡併天下，災害絕息，永偃戎兵。」這些話，當然有很大的自誇成分，但比起戰國，秦統一後，確實是天下太平了，人民過上了太平日子。

秦以後，兩漢四百年基本上是統一的。有此四百年的統一，居住在此一大體「西涉流沙，南盡北戶，東有東海，北過大夏」大帝國內的約五千萬人口，基本已泯除了先秦的民族界限，融合為一個大漢民族，過着「一法度衡石丈尺，車同軌，書同文字」（《史記·秦始皇本紀》）的同一個文化系統的生活。

五千萬人口，認同一個文化、一個國家，這在兩千年前的世界不是一件小事。文化水平不一定高過希臘、羅馬，但一個文化圈內有五千萬人口，卻是當時世界沒有哪個國家可比的。

從此，在中國歷史上大一統思想是深入人心的，就是分裂時期，一些割據的國君也都想由自己來統一，不願意分裂，大有作為的皇帝更不願一寸國土被人強佔。

五胡十六國時期，前秦王苻堅已佔有整個北方和長江上游，西域都在他控制之下。但他仍要滅東晉，做一統大帝國的皇帝。起兵南征之前，他對群臣說：「吾統承大業，垂二十載。芟夷逋穢，四方略定，唯東南一隅未賓王化。吾每思天下不一，未嘗不臨食輟哺。」（《晉書·苻堅載記下》）天下不一，飯都吃不下去，這固然是皇帝國君的感情，也是中國大一統思想文化培育下的產物。

隋文帝做了皇帝，又想滅陳，陳的罪名就是「威侮五行，怠棄三正」（《隋書·高祖紀下》）。這是責陳不按天命行事。要滅陳的道理是「天之所覆，無非朕臣；每關聽覽，有懷傷惻」（同上書）。他伐陳，一定會得到天助。上天會「降神先路，協贊軍威；以上天之靈，助戡定之力」（同上書）。他說他的一統天下，是上天的意旨。他在一個詔書裏說：「方今區宇一家，煙火萬里，百姓久安，四夷賓服，豈是人功，實乃天意。」（同上書）

中國傳統文化中的大一統思想，是和四海之內皆兄弟的思想結合一起的。中國傳統文化中還有一種思想是夏可變夷，夷也可以變夏。夏人（漢人）接受夷人的文化生活習慣，就是夷人了；夷人接受夏人的文化，就變成夏人。這是四海之內皆兄弟思想的根源。有大一統思想的，往往也有四海之內皆兄弟的思想。前秦苻堅想滅東晉一統天下，他也有四海之內皆兄弟的思想。他對他弟弟苻融說：「今四海事曠，兆庶未寧，黎元應撫，夷狄應和。方將混六合以一家，同有形於赤子。」（《晉書．苻堅載記上》）這是很大的氣魄和抱負。但他當時統一的條件不成熟，他失敗了。和他有同樣思想的唐太宗李世民，卻是成功的。《資治通鑑》貞觀二十一年載有唐太宗和臣下的一段對話：

上（唐太宗）御翠微殿，問侍臣曰：「自古帝王雖平定中夏，不能服戎、狄。朕才不逮古人而成功過之。自不諭其故，諸公各率意以實言之。」群臣皆稱：「陛下功德如天地，萬物不得而名言。」上曰：「不然。朕所以能及此者，止由五事耳。……自古皆貴中華，賤夷、狄，朕獨愛之如一，故其種落皆依朕如父母。此五者，朕所以成今日之功也。」

總之，中國傳統文化中，自古就有天下一家的大一統思想。這種大一統思想往往是和四海之內皆兄弟的思想結合一起的，即和友愛、和平、中庸思想結合一起的。

四 「中庸之道」

儒家思想中的「中庸之道」，是中國傳統文化的精華。我的理解，「中庸之道」中至少有兩點是非常突出的：一是不偏不倚，無過不及；二是和，和為貴，天人之間要和，人間要和。

《中庸》中說：

仲尼曰：「君子中庸，小人反中庸。君子之中庸也，君子而時中；小人之（反？）中庸也，小人而無忌憚也。」

子曰：「道之不行也，我知之矣，知者過之，愚者不及也；道之不明也，我知之矣，賢者過之，不肖者不及也。」

這兩段話，都在說「中庸之道」在執中，不偏不倚，無過無不及。君子之道是「中庸」的，君子有君子之德，而又能隨時處中，不偏不倚不走極端；小人之道是反「中庸」

的。「無忌憚」就是走極端。孔子說：中庸之道為什麼得不到實行？原因在智者、愚者都不能執中，智者過之，愚者不及。「過之」和「不及」，都是偏，「過」猶「不及」。「過」和「不及」，是一樣的。

用現在的話來說，「中庸之道」就是正確的道路，不偏不倚，不左不右。防左防右，反左反右，都是為了找出正確的道路。正確的道路，在不偏不倚，在中，在適中。反思中國近代歷史，中庸之道太有深意了。

《中庸》中說：

喜怒哀樂之未發，謂之中；發而皆中節，謂之和。中也者，天下之大本也；和也者，天下之達道也。

這是講「中庸之道」的和。喜怒哀樂發而皆中節，皆中節，是發得恰到好處。喜，不狂喜，不該喜而不喜；怒，不狂怒，不怒得發瘋，不該怒而不怒。哀和樂亦如此。這叫做中節。中節仍是不偏不倚，不走極端。能這樣，就是和，就是「致中和」。人能行「中庸之道」，致中和，則「天地位焉，萬物育焉」。紫氣東來，風調雨順，萬事祥和如意，萬物生長不息。

「中庸之道」，是儒家自孔子始的理想大道。儒家「修身、齊家、治國、平天下」，大同世界、仁、禮、忠恕、孝悌等整體思想，都是「中庸之道」，儒家沒有極端思想，儒家整體思想都是不偏不倚的，都是無過、無不及的。孟子說：「仲尼不為已甚者。」（《孟子．離婁》）不為已甚，就是不過激，就是「中庸之道」。

儒家講人倫關係，無論是說「父子有親，君臣有義，夫婦有別，長幼有序，朋友有信」，還是說「父慈子孝，兄良弟弟，夫義婦聽，長惠幼順，君仁臣忠」，要之其精神皆在中和，友愛相親，不是相仇、相敵對。

孔子對曾子說：「吾道一以貫之。」何謂「一以貫之」？曾子的理解是「夫子之道忠恕而已矣」。朱熹的解釋是：「盡己之謂忠，推己之謂恕。」（《論語集注．里仁》）對人對事，都要盡己，盡自己力所能及的來做。曾子說：「吾日三省吾身，為人謀而不忠乎？與朋友交而不信乎？傳不習乎？」（《論語．學而》）為人謀要盡己之力，不盡力就是不忠。定公問孔子：「君使臣，臣事君，如之何？」孔子對說：「君使臣以禮，臣事君以忠。」（《論語．八佾》）君能使臣以禮，臣就當盡己力以事君。這是盡己為忠。「己欲立而立人，己欲達而達人。」（《論語．雍也》）「子貢問曰：『有一言可以終身行之者乎？』子曰：『其恕乎！己所不欲，勿施於人。』」（《論語·衛靈公》）這是推己及人，這是恕。忠恕之道，也是以和為貴。能盡己為人，推己及人，這社會就不會有不平，就不會有仇恨。

孔孟都是講「仁」的，講仁政的。對於仁的解說很多。馮友蘭先生認為：「仁為孔子一貫之道，中心之學說。故《論語》中亦常以仁為人之全德的代名詞。」【二】故孔子常以仁統攝孝、忠、智、禮、信等諸種德。【三】馮先生的意見有道理，仁是孔子的中心思想，仁包括諸種德。仁也正是忠恕。

仁者愛人。仁政，簡單地說就是愛人之政。孟子談仁政最多。他要梁惠王「施仁政於民」（《孟子·梁惠王》）。他對公孫丑說：「行仁政而王，莫之能御也」，「萬乘之國行仁政，民之悅之，獨解倒懸也」（同上書）。他說：「三代之得天下也以仁，其失天下也以不仁。國之所以廢興存亡者亦然。」（《孟子·離婁》）

仁政的理想，仍是使民和樂安定，不走極端。孔子說：

丘也聞有國有家者，不患寡而患不均，不患貧而患不安。蓋均無貧，和無寡，安無傾。（《論語·季氏》）

儒家講禮。禮有兩種作用，一是促不及，二是限過激。有子說：

禮之用，和為貴。先王之道，斯為美。小大由之。有所不行，知和而和，不以禮節之，亦不可行也。（《論語．學而》）

以禮節之，就是限制過激。「顏淵問仁，子曰：克己復禮為仁。」顏淵請問其目（詳細節目），子曰：「非禮勿視，非禮勿聽，非禮勿言，非禮勿動。」（《論語．顏淵》）克制自己使歸於禮，非禮勿視、勿聽、勿言、勿動，這都是限制。限制非禮，使歸於禮。禮，和為貴。仲弓問仁，孔子說：「出門如見大賓，使民如承大祭。己所不欲，勿施於人。在邦無怨，在家無怨。」（同上書）

禮、仁，都是要和為貴，在邦無怨，在家無怨。無怨，就是和。所以，儒家的全部思想，忠、孝、仁、愛、信、義、禮等，都可以歸之於「中庸之道」。中庸的精髓，就是不過激，不不及，平庸和平。修身、齊家、治國、平天下，都走中庸道路。這是中國傳統文化的精華。

注釋：

【一】見侯外盧等：《中國思想通史》第一卷，北京：人民出版社一九六二年版。

【二】馮友蘭：《中國哲學史》上冊，北京：中華書局一九六一年版，第一〇〇—一〇一頁。

【三】同上書，第一〇一—一〇二頁。

第四講

中國的城市復興和文藝復興

歐洲所謂的文藝復興，是在十五世紀開始的，一般把義大利但丁的《神曲》作為文藝復興開始的標誌。十六世紀，文藝復興就在歐洲各地開展起來。

歐洲文藝復興，是指復興古代希臘文明。十九世紀到二十世紀初的西方史學家認為，中世紀是歐洲的黑暗時代（Dark Age）。復興，就是越過中世紀，復興希臘、羅馬的古代文明。

十四世紀至十五世紀，歐洲城市逐漸興起。城市是產生文明、文化的搖籃。隨着城市和城市經濟的興起，人們離開範圍狹小的農村，走向遠地經商。見識多了，用腦力多了，從中產生智慧。回頭看看，看到中世紀也看到古代，於是產生了對古代文明的羨慕和景仰，於是產生了對中世紀黑暗時代的認識，於是產生了恢復古代文明的要求，於是而有文藝復興。

中國同樣有中國的古代、中國的中世紀，有中國的城市復興和中國的文藝復興。聽起來我講的可能有點彆扭，有點異端味道。

一 城市復興

漢魏之際以前，中國的城市經濟是發達的，中國的古代文化也發展到一個很高的水平。戰國時代的「百家爭鳴」，就是中國古代文化發展的頂峰。

中國的城市經濟發展，可以説從春秋時期開始。這時期城市交換經濟已漸漸活躍起來。山東半島上的齊國，紡織業、漁鹽業最先興起，各地人都到齊地來做貿易。出現「人物歸之，繦至而輻輳。故齊冠帶衣履天下，海岱之間斂袂而往朝」（《史記・貨殖列傳》）的盛狀。陶，地居「天下之中」，是「諸侯四通，貨物所交易」的地方。陶朱公在這裏的十九年之中，「三致千金」（同上書）。戰國秦漢，城市交換經濟更加發達繁榮。春秋時期，「城雖大，無過三百丈者；人雖眾，無過三千家者」，而戰國時期，「千丈之城，萬家之邑相望也」（《戰國策・趙策三》）。齊國的都邑「臨淄之中七萬戶」（《戰國策・齊策一》）。一戶以五口計，臨淄城有三十五萬人口。臨淄居民，「無不吹竽鼓瑟，擊筑彈琴，鬥雞走狗，六博蹹鞠者」。臨淄之途「車轂擊，人臂摩，連衽成帷，舉袂成幕，揮汗成雨」（同上書）。這雖是策士們的話，不免誇大，但亦可見臨淄城的熱鬧繁華。西漢武帝時期，臨淄已發展為有十萬戶的大城市，仍以戶五口計，臨淄在西漢有五十萬人口。

司馬遷在《史記·貨殖列傳》裏寫了各地的大小城市。他以「一都會也」指出來的大都會有：邯鄲、燕、臨淄、陶、睢陽、吳、壽春、番禺、宛等地。比這些大城市小的中等城市、小城市，他也指出許多。每一個城市都是一個地區的貨物集散中心。各地區的貨物通過商人之手運到這裏來，也通過商人之手運到各地去。《鹽鐵論》論述西漢後期的城市經濟說：「燕之涿、薊，趙之邯鄲，魏之溫軹，韓之滎陽，齊之臨淄，楚之宛丘，鄭之陽翟，三川之二周，富冠海內，皆為天下名都。」（《鹽鐵論·通有篇》）「自京師東西南北，歷山川，經郡國，諸殷富大都，無非街衢五通，商賈之所臻，萬物之所殖者。」（《鹽鐵論·力耕篇》）農村人口受商業兼併，大量離開農村而流亡，大部分集中在都市。漢元帝時的貢禹說農民「棄本逐末，耕者不能半。貧民雖賜之田，猶賤賣以賈」。何以至此呢？他說：「末利深而惑於錢也。」（《漢書·貢禹傳》）東漢城市經濟發展所吸引的人口就更多了。東漢中期的王符說：「今察洛陽，資末業者什於農夫，虛偽游手什於末業……天下百郡千縣，市邑萬數，類皆如此。」

交易靠五銖錢，五銖錢走遍天下皆能使用，還有黃金。金一斤等於一萬五銖錢。

東漢末年開始，經過魏晉南北朝到隋唐中葉，城市交換經濟衰歇，城市大部分消失了，起而代之的是自然經濟。

「董卓之亂」後，戰國秦漢七百多年間繁榮興盛的城市經濟，遭到極大破壞。洛陽城是「宮室燒盡，街陌荒蕪」（《三國志・魏志・董卓傳》）。洛陽附近「二百里內，無復孑遺」（《後漢書・董卓傳》）。「長安城空四十餘日。……二三年間，關中無復行人。」（同上書）城市破壞的情況，洛陽、長安只是舉個例子。郡國大小城市都是普遍遭到破壞的。當時人們說到城市破壞的情況時，總是用「城邑空虛」，「名都空而不居」來描述。

人口大量減少，土地大量荒蕪。仲長統說：「以及今日，名都空而不居，百里絕而無民者不可勝數。」（《昌言・理亂篇》，見《三國志》）朱治說：「中國蕭條，或百里無煙。城邑空虛，道殣相望。」（《三國志・吳志・朱治傳》）直到魏明帝時，衛覬上疏還說：「當今千里無煙，遺民困苦。」（《三國志・魏志・衛覬傳》）

西漢的「編戶齊民」，大體在五千萬左右。蜀亡時，戶口數是：二十八萬戶、九十四萬口、將士十點二萬人、吏四萬人，加上魏共有六十三萬三千四百二十三戶、四百四十三萬二千八百八十一口。吳亡時，戶口數是五十二點三萬戶、二百三十萬口、吏三點二萬人、兵二十三萬人。把這兩個不同時代（魏蜀的戶口統計是二百六十三年的，吳的戶口統計是二百八十年的）的人口數字加起來，三國時的人口大約是：一百一十八萬六千四百二十三戶、六百七十三萬二千八百八十一口。比起漢代的戶口來，大體是十分之一到九分之一。魏明帝時，大臣們說起當時戶口比起漢時戶口，都認為「不如往昔一州之地」，或「比漢文景時，不過一大郡」，或「至於民數不過漢時一大郡」，或「天下戶口減耗，十裁一在」等等。

人口少，土地荒，城市衰落，繁榮的交換經濟又返回為獃板停滯的自然經濟。交換雖然沒有完全絕跡，但金屬貨幣用不着了。交易用布帛代替了銅錢。物有貴賤，布帛被撕成一條條的。布代替錢，布仍是起的貨幣作用，不是以物易物。但用布不用錢，卻反映交換經濟不發達，城市經濟遭到破壞。

這種自然經濟形態，大體上延續到唐中葉。整個魏晉南北朝時期，是自然經濟佔優勢的時期。交換時以布帛為媒介，一直延續到唐中葉玄宗開元、天寶時代。開元、天寶之後，城市經濟才又真正地、持續地有起色，稱得起交換經濟、城市經濟復興。

宋代的開封、臨安已是繁榮的大城市了。宋代城市交換發展，已有相當水平。據宋史名家漆俠教授估計，宋代城市集中了大量人口。東京開封「養甲兵數十萬，居人百萬」，人口在百萬以上。臨安是「江商海賈」會集之地，人口也在百萬以上。建康、揚州、成都、長沙都是熙熙攘攘人口密集的萬戶到十萬戶的城市。全國州城人口總計約四十二萬戶。全國縣城一千多個，總人口約為七十一萬戶。全國鎮市一千八百個，總人口約為六十六萬戶。加上開封、臨安、建康等大城市，宋代城市人口當在二百萬戶以上。約佔當時全國總人口一千六百萬戶的百分之十二以上。一千六百萬戶是北宋神宗元豐年間的數字，戶以五口計，全國總人口為八千萬以上，比兩漢時人口大有增加。城市產生文明。唐宋和以後的時期，隨着城市經濟的復興，文藝也在復興。人文思想逐步代替了宗教。現世、現實，代替了來世、出家。如果說農村和農民出皇帝，城市和市民就出民主，出思想，出學問。

二　文藝復興

在我看來，唐代的韓愈、李翱、柳宗元、劉禹錫，宋代的陳亮、葉適及至程顥、程頤、朱熹，在中國思想文化史的大流中，都屬於人文主義者。他們都從宗教中殺出來，有中國文藝復興的味道，應在中國的文藝復興史上佔有一定的地位。「二程」、朱熹的道學理學在思想史上如何評價，我不去討論，在社會史、文化史上，他們應該說是由宗教思想走向人文主義時代的啟蒙人物。

宋代及以後時期，小說發展起來。《水滸傳》、《三國演義》等都應時而生。這些都是從宋代的話本演化發展出來的。話本的來源又可推到唐代的變文。小說、話本，都是城市的產物。城市人閑來無事，便會聚街頭閑聊。在這些會聚閑聊的人群中，逐漸產生了談古論今的，逐漸有了專門談古論今的「說話人」，逐漸產生了《五代史平話》、《宣和逸事》之類的文學作品。在這些作品的基礎上，產生了《水滸傳》、《三國演義》等著名文學作品。推其源，都是城市文學、市民文學。

城市復興帶動起中國的文藝復興。

南宋陳亮、葉適的思想，特別反映了市民的思想意識。陳亮重視商，在《四弊》一文中說：「商藉農而立，農賴商而行，求以相補，而非求以相病。」（《龍川文集》卷一一）他把官、民、商、農四者並列，在《送丘秀州宗卿序》一文中，他說四者應「各力其力以業其業，休戚相同，有無相通」。這和中國傳統以農為本，以商為末，主張「重農抑商」的思想是相反的。這是重商思想。葉適和陳亮一樣，都是農商並重者。他說：「四民交致其用而後治化興。抑末厚本，非正論也。」（《習學記言·序目》卷一七）他為商人辯護說：「富人者，州縣之本，上下之所賴也。富人為天子養小民，又供上用，雖厚取贏以供增殖，計其勤勞亦略相當矣。」（《水心別集》卷二）。他還說：「命令之設，所以為民，非為君也。」這裏有樸素的民主思想傾向。這思想，一方面是古代民本思想的復興，一方面又是他當時市民意識的表現。

陳亮、葉適的思想，可說是最早期的啟蒙思想。中國的啟蒙運動是個長期過程。唐代的「文起八代之衰」，南宋的市民思想，都可以被看做中國啟蒙運動的開始，一直到五四運動，仍是啟蒙時期。中國的文藝復興和啟蒙運動，都是城市經濟的產物，並不是資本主義的產物。歐洲中世紀封建社會後期的城市經濟，並非一開始就是資本主義經濟。城市經濟的興起到資本主義出現，有一個發展過程。中國更是如此。中國城市經濟復興得早（唐宋），而資本主義萌芽出現又晚（明清），文藝復興拉開時間就長了。中國的文藝復興和啟蒙運動，發生雖早，運動卻只在城市中游動，未能在農村發展。啟蒙運動，如燈光在城市閃爍，而農村卻仍是一片黑暗。元明時期，小說和民間文學有發展，但也僅如此而已。

明末清初的思想家，反封建、反君主專制的民主思想就比較突出了。明清之際的思想家黃宗羲、王夫之、顧炎武都有反封建的意識，而黃宗羲反君主專制的思想更是非常鮮明。他的《原君》，揭露君主的罪惡痛快淋漓。他說：

凡天下之無地而得安寧者，為君也。是以其未得之也，荼毒天下之肝腦，離散天下之子女，以博我一人之產業，曾不慘然，曰：我固為子孫創業也。其既得之也，敲剝天下之骨髓，離散天下之子女，以奉我一人之淫樂，視為當然，曰：此我產業之花息也。然則為天下之大害者，君而已矣！向使無君，人各得自私也。……而小儒規規焉，以君民之義無所逃於天地之間……視兆人萬姓崩潰之血肉，曾不異夫腐鼠，豈天地之大，於兆人萬姓之中，獨私其一人一姓乎！（《明夷待訪錄》）

這簡直是一篇近代市民反封建君主的民主宣言。這是近代市民的覺醒書，這是中國早期啟蒙運動的大文章。其反擊的激烈程度，只有古代孟子的「聞誅一夫紂矣，未聞弒其君」、「民為貴，社稷次之，君為輕」可比。但孟子的話，是古代民主思想的反映，是原始氏族成員權力的迴光返照；黃宗羲的思想則是近代民主思想的先驅。

明中葉以後，江南地區貧富分化嚴重，而富者多由末業起家。這是新事物，資本主義萌芽也逐漸顯露。顧炎武《天下郡國利病書》引《歙縣風土論》說：

尋至正德末、嘉靖初……商賈既多，土田不重。操貲交接，起落不常。能者方成，拙者乃毀。東家已富，西家自貧。迨至嘉靖末、隆慶間……末富居多，本富益少。富者愈富，貧者愈貧。貿易紛紜，誅求刻核。迄今三十餘年（約當萬曆三十年左右）……富者萬人而一，貧者十人而九。貧者既不多敵富者，少反可以制多。金令司天，錢神卓地。

這裏所說的「末富居多，本富益少」、「金令司天，錢神卓地」，已多少有點資本的味道。而《吳江縣誌》卷三八所載，則確實有資本主義萌芽的味道了。它說：

至明熙宣（洪熙、宣德）間，邑民始漸事機絲，猶往往僱郡人織挽。成弘（成化、弘治）以後，土人亦有精其業者，相沿成俗。於是……居民乃盡逐綾綢之利。有力者僱人織挽，貧者皆自織。

一般研究中國經濟史者，大多認為中國資本主義萌芽始於此時。

清朝前期，公元十七世紀中葉到十八世紀末，是清朝康乾（康熙、乾隆）盛世時代。但物極必反，這以後社會的矛盾、腐敗也漸漸出現了。先進的思想家已意識到：風雨要來，天下要變了。

察覺這形勢的思想家有龔自珍和魏源等。這時代，正是鴉片戰爭前後。龔自珍，對當時政治的腐敗、社會的黑暗、專制主義對人的自尊心的折辱，都做了揭露和批判。如他說：

> 貧者日愈傾，富者日愈壅。……至極不祥之氣鬱於天地之間……鬱之久乃必發為兵燧，為疫癘，生民噍類，靡有孑遺。……其始不過貧富不相齊之為之爾。小不相齊，漸至大不相齊，大不相齊，即至喪天下。（《平均篇》）

他又說：

> 今百姓日不足，以累聖天子愵然之憂，非金乎？幣之金與刃之金同，不十年其懼或煩兵事。（《乙丙之際箸議第一》）

他論說專制折辱人，說：

昔者霸天下之氏……未嘗不仇天下之士。去人之廉，以快號令；去人之恥，以嵩高其身。一人為剛萬夫為柔。……大都積百年之力，以震盪摧鋤天下之廉恥。（《古史鉤沉論一》）

專制者意在使天下人民無知無廉恥，把他們奴性地馴服。能如此，他的專制才能長在久安。苦矣人民，苦矣士大夫！

龔自珍論當時形勢，以為「不十年其懼或煩兵事」，指的是農民起義。在另外一個地方，他把暴動的農民說成「山中之民」。他已隱約看到「山中之民」會起來。他用神話般的文字，描述京師的步步衰弱、山中之民的步步興起。最後：

朝士寡助失親，則山中之民一嘯百吟，一呻百問疾矣！……其祖宗曰：我無餘榮焉，我以汝為殿矣！其山林之神曰：我無餘怒焉，我以汝為殿矣！俄焉寂然，燈燭無光，不聞餘言，但聞鼾聲。夜之漫漫，鶡旦不鳴。則「山中之民」，有大音聲起，天地為之鐘鼓，神人為之波濤矣！（《尊隱》）

龔自珍認為避免滅亡的道路，只有自己進行改革。自己不改革，自有人會改革。他說：

> 拘一祖之法，憚千夫之議，聽其自陊，以俟踵興者之改圖爾！一祖之法無不敝，千夫之議無不靡，與其贈來者以勍改革，孰若自改革？抑思我祖所以興，豈非「革」前代之敗耶？前代所以興，又非「革」前代之敗耶？何莽然其不一姓也！（《乙丙之際箸議第七》）

龔自珍對當時政治社會的認識是深刻的，但他的文字語氣比黃宗羲的激憤直言就差多了，他是說給「聖天子」聽的。其所以為此，是由於他所處的時代形勢和黃宗羲不同。黃宗羲的時代，明朝專制皇朝已晃晃然要倒，自顧不暇，專制淫威行將過去，他敢於放言暢論君主專制之失。龔自珍生在康乾殘酷「文字獄」之後，放膽言論，心有餘悸，所以龔自珍的文章寫得比較隱晦，沒有黃宗羲那麼露骨激烈。

自秦以來，中國已有多個皇朝。每個皇朝後期，都因腐敗黑暗而引起農民暴動把它推倒，另有一家天子起來。龔自珍認識到此歷史教訓，這是他「山中之民」思想的來源。龔自珍的思想仍是中國傳統思想文化的自我批判，他把希望放在皇朝的改革自救上。他的思想，沒有受到西方思想的影響，也還沒有達到孟子、黃宗羲的思想水平。但龔自珍對清末維新的思想影響是深刻的，梁啟超評價他的影響說：

定庵……於專制政體，疾之滋甚，《集》中屢歎恨焉。（《集》中如《古史鉤沉論》、《乙丙之際箸議》等篇，皆頗明民權之議）……語近世思想自由之嚮導，必數定庵。吾見並世諸賢，其能為現今思想解放光明者，彼最初率崇拜定庵。

他又說：

龔自珍……喜為要眇之思。譏切時政，詆排專制。……晚清思想之解放，自珍確與有功焉。光緒間所謂新學家者，大率人人皆經過崇拜龔氏之一時期。初讀《定庵文集》，若受電然。（《清代學術概論》）

梁啟超對龔自珍的評論一般說是中肯的。龔自珍對封建社會和政治的批判是深刻的，他的思想對後來的「維新思想」起了啟迪和推動作用。但他不如魏源先進、高明。

和龔自珍同時的有魏源，他最早提出「以夷攻夷」和「師夷長技以制夷」的思想。他在《〈海國圖志〉序》中說：「是書何以作？曰為以夷攻夷而作，為師夷長技以制夷而作。」《海國圖志》是為了瞭解西歐國家的情況而作的。林則徐很想瞭解西方情況，他曾請人編譯《四洲志》。魏源的《海國圖志》就採用了《四洲志》的材料，完成了林則徐未完成的事業。魏源「以夷攻夷」、「師夷長技以制夷」的思想，一直為後來的洋務派和改良派所遵用。十九世紀七十年代改良派思想家王韜說魏源「師長一說，實倡先聲」，道出了魏源思想的先驅地位。

以上所述，我認為都是近代中國新思潮的思想先驅。從唐代「文起八代之衰」的韓愈算起，到黃宗羲，到龔自珍、魏源都屬於中國文藝復興和啟蒙運動的範圍，都是近代中國思想的先驅。

近代中國新思潮，有兩個源頭：一個是中國的傳統文化，另一個是由炮船帶來的西方文化。上面所述是近代中國新思潮的一個源頭，即中國的傳統文化；另一個來源是更重要的源頭，即西方的近代文化。西方近代資本主義文化，是比封建文化高一個歷史階段的文化，而近代化正是我們所要學習，所要走的道路。而所謂近代中國新思想，所思考的、所要解決的，正是如何向西方學習和學習什麼的問題。

第五講

近代中國的新思潮

近代中國的新思潮，有一個非常顯著突出的特點，就是為國家尋找出路，更特殊的是出路和來侵的敵人有關，是敵人帶進來的。

接受資本主義、接受資本主義文化，這是促進中國社會、中國文化向更高處發展的必經之路。這是突破封建經濟向資本主義經濟發展的必經之路。但中國這條路卻是伴隨着殖民主義者的大炮轟擊一塊兒進來的。這就扭曲了中國近代化的路程，為中國的近現代化增加了困難。

中國的先知先覺人士、愛國知識份子，面對的是這種形勢：一方面是頑固反動的統治者，保護封建、抗拒西方先進生產和先進文化；一方面是與先進生產、先進文化俱來的炮艦轟擊。中國的先進人士要在這種環境中摸索愛國救國的道路。對外來的大炮要抗擊，對外來的西方文化又要吸收、要接受。這條路走起來很難。

他們先後摸索着走了下面幾條路：

（一）接受基督教教義，結合中國的平等、平均傳統農民思想，幻想砸碎封建禮教，推翻清皇朝。按照上帝意旨，建設平等、平均的太平天國。

（二）中學為體西學為用，學習西方炮艦技術來富國強民。

（三）維護清朝皇帝，變法維新，在君主立憲制度下，建設資本主義。進而走向大同世界。

（四）推翻清朝統治，接受西方思想，建立三民主義民主共和國。

（五）擁護「德先生」（Democracy，民主）、擁護「賽先生」（Science，科學），請「德先生」、「賽先生」救中國。

每條道路都形成一代思潮，也都激起中西方文化的撞擊和鬥爭。

一 平等、平均的太平天國

洪秀全，生於清嘉慶十八年十二月初十（一八一三年一月一日），廣東花縣官祿坳人。

洪秀全的父親是務農的，有田數畝、牛兩頭、泥瓦房數間。洪秀全自幼讀書，讀了「四書」、「五經」等儒家經典，受儒家思想的教育。

洪秀全的家族要他讀書，就是希望他能通過科舉考試走上仕途。他自己也有這種願望。他曾多次應考秀才，都落第。仕官之路不通，懷才不遇，才另找出路。

一個偶然的機會，洪秀全買到一本宣傳基督教義的《勸世良言》。這本書至少有兩點對洪秀全的思想是很有影響的：一是上帝是唯一的真神，乃係萬王之王，萬國之主；二是平等思想，在上帝面前，人人平等。《勸世良言》認為「世上萬國之人，雖有上下尊卑貴賤之分，但在天上神父之前，萬國男女之人，就如其子女一般」。他接受《勸世良言》的思想，創立了拜上帝教。

洪秀全在十九世紀四十年代中後期左右，在家鄉傳教，寫了四篇文章宣傳拜上帝教。四篇文章是：《百正歌》、《原道救世歌》、《原道醒世訓》、《原道覺世訓》。四篇文章的主要內容是：

（一）「從來正可制邪，自古邪難勝正。」《百正歌》反復說明這個道理。歌中讚揚堯、禹、湯、周、孔丘、劉邦等都是以「正事不正」，以「正化不正」，以「正伐不正」的。他說：「身不正禍因惡積，身能正福祿善慶。貴不正終為人傾軋，富不正終為人兼併。」

《原道救世歌》也在闡述這些思想。他說：「自古殺人殺自己」、「自古救人救自己」，「自古害人害自己」，「積善之家有餘慶，積惡之家有餘殃」。他指出有六個不正，應加戒除。這六個不正是：淫、忤父母、殺害、盜賊、巫覡、賭博。

從這裏，我們看到這個時期儒家思想在洪秀全思想中的地位，他讚揚孔子，讚揚中國

傳統文化，把中國傳統文化中的道德規範和基督教的教義結合起來，構成拜上帝教的教義。【一】

（二）平等思想。在《原道救世歌》裏，他提出：「普天之下皆兄弟，靈魂同是自天來，上帝視之皆赤子。」普天之下皆兄弟的思想，來自儒家，《論語．顏淵篇》中有「子夏曰：『四海之內皆兄弟也。』」「靈魂同是自天來」，來自基督教。普天之下皆兄弟的思想，基督教傳教士也常常引用的。《勸世良言》就有「故世界之上，四海之內皆兄弟一般」。

在《原道醒世訓》裏，洪秀全已顯示了他反對人與人之間的欺壓和仇恨。他說，同是一國：

以此省此府此縣而憎彼省彼府彼縣，以彼府彼縣而憎此省此府此縣者有之。更甚至同省府縣，以此鄉此里此姓而憎彼鄉彼里彼姓，以彼鄉彼里彼姓而憎此鄉此里此姓者有之。

此種思想的伸延，自然對國與國之間的侵略奪取也是反對的。洪秀全就曾指出「以此國而憎彼國，以彼國而憎此國者有之」。他指出這種思想、行為是和拜上帝教的教義不相符合。他說：

天下凡間，分言之則有萬國，統言之則實一家。皇上帝，天下凡間大共之父也。……何得存此疆彼界之私，何可起爾吞吾併之念。

洪秀全寫這篇文章的時間，正是鴉片戰爭之後，一部分中國人民正在覺醒。洪秀全的思想裏，自然會對殖民主義國家對中國的侵略產生不滿。

（三）平均思想。洪秀全的平均思想和平等思想一樣也有兩個來源，一是中國傳統文化中的平均思想。如孔子所說的「不患寡而患不均，不患貧而患不均」（《論語·季氏》）。二是基督教的教義。他在《原道醒世訓》裏說：

天下多男人，盡是兄弟之輩；天下多女子，盡是姊妹之群。何得存此疆彼界之私？何可起爾吞吾併之念？是故孔丘曰：大道之行也，天下為公。選賢與能，講信修睦。故人不獨親其親，不獨子其子。使老有所終，壯有所用，幼有所長，鰥寡孤獨廢疾者，皆有所養。男有分，女有歸。貨惡其棄於地也，不必藏於己；力惡其不出於身也，不必為己。是故謀閉而不興，盜竊亂賊而不作，故外户而不閉。是謂大同。

洪秀全的這段話，說明他的平等、平均思想，都是結合中國傳統文化思想和基督教教義而形成的。

平等、平均思想是洪秀全早期就有的思想，而且是洪秀全主要的思想。洪秀全雖然接受了儒家「大道之行也，天下為公」和「四海之內皆兄弟也」那一套思想，但那只是遠大的理想，離實行還很遠。它只是在人的思想意識中起教化作用而已。平等、平均思想，卻見諸實行而起了很大作用。封建社會是一個不平等、不平均的社會。人與人不平等，有的是窮人，有的是官吏、是大地主。他們欺壓老百姓，貪污腐敗，過着豪華奢侈的生活；老百姓過着牛馬不如的悲慘生活。提出人人都平等，自然會取得人民的擁護。特別是男女平等，更得到婦女的支持。太平天國提出男人都是兄弟，女子都是姊妹；天下婚姻不論財；凡分田，按人口，不論男女；太平軍中有男營女營，男女都可做官；科舉取士，男女都可赴考；禁止娼妓；反對纏足。所有這些，都是女子的解放，都取得了女子的擁護。生活上的平均主義，更得到廣大貧苦農民的擁護。

太平軍還有一種公庫制度。金田起義之前，拜上帝教就規定，凡是信仰拜上帝教的人都必須「將田產屋宇變賣，易為現金，而將一切所有交納於公庫，全體衣食俱由公款開支，一律平均」。這種制度在定都南京前，是基本上實行了的，而且紀律很嚴，規定凡在作戰中繳獲的「金銀綢帛寶物等項，不得私藏，盡交歸天朝聖庫」，否則「一經查出，斬首示眾」。

研究太平天國歷史的人說，洪秀全家鄉一帶窮人階層中早有此風俗習慣。太平天國的公庫制，和這風俗習慣有關。

這是一種消費共產主義思想。自古以來，貧苦農民、小手工業者、遊民無產者的組織，多有這種思想。先秦的墨家組織，有此思想。歷代農民暴動、農民戰爭，也多有平等、平均思想。北宋王小波就提出「吾疾貧富不均，今為汝均之」（《隆平集·王小波傳》）。兩宋之際的楊么也提出「等貴賤，均貧富」（《三朝北盟會編》卷一三七）。早期基督教教會也有消費共產主義思想。《新約聖經·使徒行傳》中說：

> 那許多信的人，都是一心一意的，沒有一人說他的東西有一樣是自己的，都是大家公用。內中也沒有一個缺乏的。因為人人將田產房屋都賣了，把所賣的價銀拿來，

放在使徒腳前，照各人所需用的，分給各人。

太平軍的公庫或聖庫制度的思想來源，可能受有地方風俗、中國歷史和《聖經》三方面的影響。

和平等、平均有關的還有《天朝田畝制度》。它對社會組織以及生產、分配、福利都有明確的規定。它既有《勸世良言》的思想，也有中國傳統文化中「大同」世界的理想，它反映了農民小生產者的希望和理想。但太平天國對平等、平均都沒有認真實行過。

農民小生產者的平均思想，並不是徹底的平均，甚至不是真實的平均。農民小生產者的平均，是均別人的，不是均自己的。農民小生產者一般是生活不富裕的，多數情況下是艱難的、困苦的。當他手中是無的時候，他希望能把別人的東西均過來，但他決不願把他已到手的再拿出去分給別人。這種小私有的自私性，是農民小生產者的劣根性。這種自私性加上窮困，往往就包含着貪和佔小便宜的因素。一朝權在手，就容易腐敗墮落。

太平軍進南京不久，太平天國的領袖們便開始腐化起來。洪秀全先營造起富麗堂皇的宮殿，有幾十個老婆。又為各王造建王府，按照「太平禮制」的規定等級來安排他們的生活享受和特權。洪秀全深居天王府，連當年一塊起事同生死共患難的楊秀清、韋昌輝、石達開，都不能隨意進入，和當年都是兄弟姊妹的人也拉開了等級距離。天王對天王府裏的女官都隨意打罵。農民小生產者出身的太平天國領袖們，很快就封建等級化了、腐化了。

綜合起來看，在洪秀全的思想裏，中國傳統文化的影響和西方資本主義世界的以及原始基督教的影響都有。中國傳統文化特別是儒學的影響很深，比較起來西學倒是有點皮毛的味道。而這些皮毛味道的東西，除了上帝以外，也沒有給洪秀全和太平天國起主導作用的新東西。

但《勸世良言》等卻給洪秀全以接受西方新思想、資本主義的思想基礎。太平天國後期，洪秀全的族弟洪仁玕從香港來到天京。此人在香港多年，受到資本主義教育。他向洪秀全提出《資政新篇》。這是一個宏偉的發展資本主義的計劃。洪秀全認真審閱了這個計劃，並且絕大部分接受並批准了這個計劃，但為時已晚。由於內部分裂屠殺和腐敗，革命已走下坡路，洪秀全是毫無條件實施這個計劃了，但它反映出太平天國在思想上是接受資本主義並願意實行資本主義的。

歷史上有一條極重要的經驗教訓是：一個落後的民族進入物產豐盛、繁榮豪華的先進民族地區如漢民族地區，或者樸實純厚的農民進入城市，掌握了政權，極容易因生活條件的改變而很快腐化、腐敗。太平天國就是一個例子。太平天國初期，平等、平均思想鼓舞着人心，起了團結內部的作用。太平天國諸王和太平軍中的將領，也沒有過多的特權。張德聖在《賊情彙纂》中說：「首逆數人起自草莽結盟，寢食必俱，情同骨肉。」又說：「太平軍官兵都是自攜軍火，裹糧以行，無舟車之載，安能覓轎焉？洪楊諸首逆，並自敝衣草履，徒步相從。」但進入南京後，革命尚未成功就腐化起來，大造王府，搞封建特權。洪秀全本人不但擁有生殺之權，而且擁有華麗的宮殿和財產，以及成群的宮女和后妃。上上下下腐化起來。歷史的經驗教訓是值得注意的，又何止《甲申三百年祭》！

二　心存富國強兵的洋務運動

太平天國失敗後，中國社會遭受極大破壞。

清朝對太平天國革命的鎮壓和屠殺是極殘酷的。受太平天國的影響，各地爆發了不少農民戰爭，其中規模比較大的是西北方面的回民暴動。清朝對這些暴動，也是採取殘酷的鎮壓政策。這些暴動被鎮壓過去後，中國社會受到極大破壞，有的地方「或數十里野無耕種，村無炊煙」；有的「一望平蕪，荊棘塞途，有數里無居民者，有數十里無居民者」；有的「一片焦土，遍地黃蒿，行終日而不見一人」，「人物凋耗，彌望白骨黃蒿，炊煙斷絕」；有的「土地之開墾者十不一三，而人民之死亡者十居六七，或行數十里不見一椽一屋一瓦之覆，炊煙盡絕，豺獾夜嗥」。

這情況出現在長江流域，也出現在大西北。

就在太平天國革命在江南開展的時期，中國還遭受了英法聯軍的入侵。清廷戰敗，又訂立了《天津條約》和《北京條約》。鴉片戰爭後訂立的《南京條約》，只開放廣州、福州、廈門、寧波、上海五處為通商口岸，割讓香港，賠款了事，清朝仍頑固地執行「閉關自守」政策，不許外國人進入五口岸以外的地方。《天津條約》、《北京條約》訂立的結果，由東南沿海通商五口岸，擴大為沿海南北七個省和長江內部十三個口岸；由五口通商傳教，擴大為隨意到內地通商、傳教、遊歷；由雙方議定關税税則，改為侵略者直接管理中國海關，關税税率大大降低。這就有利於洋貨進入中國市場。適好這時英國生產力發展很快，商品成本大幅度降低。洋貨傾銷中國，中國的手工業急劇破產。

內憂外患，使愛國的士大夫知識份子更加清醒，也引起統治階級官僚集團內部分化，頑固保守派以外，出現希圖救亡圖存的洋務派。他們希望在「中學為體，西學為用」大格局下學習西方，以官辦或官商合辦形式，創設軍工企業——場礦、郵政、鐵路，等等。實際上，這是以漸進方式引進資本主義。

洋務運動為資本主義進入中國開路。

洋務運動的主要人物有朝廷方面的恭親王奕訢，地方方面的曾國藩、左宗棠、李鴻章、張之洞等。

在對太平軍的作戰中，清朝政府和曾國藩等更體會到洋槍洋炮的優勢。恭親王奕訢積極要求練兵和製造槍炮。一八六一年，曾國藩在安徽第一個辦起了製造新式軍火的工廠安慶內軍械所。次年，李鴻章在上海創辦了上海洋炮局。一八六五年，李鴻章合併小廠建立起江南機械製造總局。同年，李鴻章又在南京建立金陵製造局。一八六六年，左宗棠在福建建立福州船政局，亦稱馬尾船政局。一八六七年，清政府又在天津建立天津機器局。這是幾個大的軍工廠。

在此期間，各地地方政府也多自籌經費創辦了一些地方自用的製造廠、機器局。創辦軍工廠、製造廠，都是為了解決軍火問題。當時清軍正和太平天國作戰，製造軍火自然是為了攻打太平軍。但在西方國家一再侵略和侮辱下，洋務派自然也一肚子怨氣，自然也有抵禦外患的思想要求。恭親王奕訢在一個奏摺裏說：

> 此次夷情猖獗，凡有血氣者無不同聲忿恨，臣等粗知義理，豈忘國家之大計。唯

念捻熾於北，發熾於南，餉竭兵疲，夷人乘我虛弱，而為其所制。如不勝其忿而與之為仇，則有旦夕之變；若忘其為害而全不設備，則貽子孫之憂。古人有言：以和好為權宜，戰守為實事，洵不易之論也。（咸豐三十年十一月初一日《請設總理衙門等事酌擬章程六條摺》，見《籌辦夷務始末》咸豐朝，卷七一）

奏摺中所說「夷情猖獗」是指英法聯軍攻至北京，火燒圓明園。統治者為了不「貽子孫之憂」，也不能「忘其為害而全不設備」。他們也自然會有造炮、練兵，強大以禦外侮的思想。

洋務派諸人中也有認識到要發憤圖強，非變法不可的。李鴻章就有這認識。他在同治十三年九月二十九日（一八七四年）《籌議海防摺》中就說：

《易》曰：「窮則變，變則通。」蓋不變通，則戰守皆不足恃，而和亦不可久。……居今日而欲整頓海防，捨變法與用人，別無下手之方。伏願我皇上顧念社稷生民之重，時勢艱危之極，常存欿然不自足之懷，節省冗費，講求軍實，造就人才，皆不必拘執常例，而尤以人才為亟要，使天下有志之士無不明於洋務，廣練兵、製

> 器、造船各事可逐漸加強。……竊以古無久而不敝之法，唯本辦事之人同心協辦，後先相繼，日益求精，不獨保境息民，兼可推悟新意，裕則足用。（《李文忠公全集・奏稿》卷二四）

窮則變，變則通；捨變法無下手之方，自古無久而無弊之法，都看出李鴻章的變法思想。慈禧統治下，假使沒有變法的條件，李鴻章自然也不敢提出來。假使近代中國不出一慈禧迫使同治自暴自棄、廢棄光緒，無論同治還是光緒，皆可支持洋務運動。而當時掌權的中外大臣，如恭親王、曾國藩、左宗棠、李鴻章，都可以在「中體西用」下變法圖強。「西用」漸多，資本主義衝擊封建經濟，積久而「中體」（封建禮教和封建制度）無不垮者。必求一日而實現民主，則民主無不是假的，有其名，而實仍封建，反而由統一而割據，進步更慢，「所謂欲速則不達」者也。

平心而論，慈禧也並非完全不能接受變法，這由她後來也實行變法可證。慈禧和光緒的矛盾，根本處在權，光緒變法是先要奪慈禧的權。慈禧當然不幹。如果光緒權術些，或像北魏孝文帝對文明太后，慈禧和光緒合作不是全無可能。光緒排除慈禧，自己軟弱無力，又操之過急，失敗了。

洋務派有兩個理想：一自強，二求富。購買軍火，設工廠，製造洋槍洋炮，都是為了「強」。開辦民用企業，都是為了「富」。

十九世紀七十年代起，洋務派即在興辦軍事工業的同時，大辦民用企業。李鴻章等人，從經驗和實踐中知道「夫欲自強，必先裕餉；欲浚餉源，莫如振興商務」（《李文忠公全集·奏稿》卷三九）。民用企業的創設，採取官辦、官督民辦、官商合辦三種形式。從十九世紀六十年代到九十年代二十多年中，洋務派創辦了二十多個民用企業，有輪船、煤、鐵、鐵路、電報、紡織等，其中重要的有上海輪船招商局、開平礦務局、漠河金礦、漢陽鐵礦、天津電報總局（後遷到上海）、上海機器織布局、湖北織布局等。

創辦這些企業的目的，是為了抵抗外來資本主義勢力、保護中國利益。至少可以說這是目的之一。在開辦之初，也多起了這種作用。光緒二年，太常卿陳蘭彬上奏說：

查招商局未開以前，洋商輪船轉運於中國各口，每年約銀七百八十七萬七千餘兩。該局既開之後，洋船少裝貨客，三年共約銀四百九十二萬三千餘兩。因與該局爭衡，減落運價，三年共約銀八百十三萬六千餘兩。是合計三年中國之銀少歸洋商者，約已一千三百餘萬兩。

其他如煤礦、電報、織布等，都起了這種作用。

創辦企業，管理企業，發展企業，在在需要人才。為了培養管理企業、發展企業的人才，就需要設立學校，辦教育。洋務派對辦教育是很重視的。

十九世紀六十年代到九十年代，洋務派創辦了幾十所學堂。學堂大體可分為兩類：一類是西文學堂，一類是西藝學堂。西文學堂是培養學習外國語言文字的人才，西藝學堂是培養學習西方技術包括軍事技術的人才。

一八六二年在北京設立的同文館，是洋務派創建的第一所新式學堂。這所學堂，以培養翻譯和外交人才為宗旨。最初是學習英語，其後又相繼設立了法文館、俄文館、德文館和東文館。這時期，洋務派還創辦了一批專業學堂，專門培養科技、軍事、醫務、製造、礦業等方面的人才，其中最有影響的是福州船政學堂和天津北洋水師學堂。福州船政學堂，是一八六六年左宗棠奏請創辦的，主旨是培養駕駛和製造輪船的人才。天津北洋水師學堂，是一八八〇年李鴻章奏請創辦的，嚴復就是北洋水師學堂第一任總教習，後任校長。

洋務派極重視選派留學生，一八七二年至一八七五年，先後選派四批，每年每批三十人，共一百二十人去美國學習。著名的鐵路總工程師詹天佑就是第一批被派往美國的留學生。同時，也選派學生赴法國、英國和德國留學。

這些留學生，在外國期間，學習了專業科學技術，經過中外對比，思想覺醒，也激發了愛國思想。他們希望國家富強，反對外國侵略；同情民主、自由，和清政府疏遠。他們回國後，有的在中法、中日戰爭中，為國英勇犧牲；有的致力於西方政治、文學名著的翻譯工作，宣傳愛國思想。他們把中國的文化介紹到外國去，同時又把外國的文化傳到中國來。

清王朝中的頑固派昏庸無知，對於引進西方科學技術，引進西方思想文化，一概持反對態度。

他們反對辦學堂向外國學習，說洋務派提倡西學是「捐棄禮義廉恥的大本大原」，是「敗壞人心」，是「用夷變夏」。他們特別反對引進機器，說：「四民之中，農居大半，男耕女織，各職其業，治安之本，不外乎此。……機器漸行，則失業者漸眾，胥天下為游民，其害不勝言矣。」他們反對開礦修鐵路，說：「古來聖君賢相講富強之道者，率皆重農抑商，不務盡山澤之利，蓋所稱為極治者，亦曰上下相安，家給人足，足以備豫不虞而已。」【二】

頑固派是以小農思想反對工商業，以封建經濟對抗資本主義。說穿了，他們是封建制度下利權的既得者，他們當然反對破壞他們的既得利益的新經濟制度——資本主義。

官營企業，得到政府的支持和保護，初期是發展的，對中國的經濟近代化是起了推動作用的。它促進了中國資本主義的發展。

但到了後期，官辦、官民合辦、官督民辦都出問題。問題中最主要的，其一是貪污腐敗。身為各局總辦和提調等重要主持人員「竟慷他人之慨，花天酒地，一任遨遊。視公司之財如內庫之藏，所辦未就，資本已虧」。他們「或且九九之數未諳」，對所管企業一竅不能，「茫無分曉」。他們除了營私舞弊和瞎指揮外，什麼也不會。在各個企業的管理人員中，普遍存在着「大者偷料減工，小者束手閑坐，糜餉玩公」的現象。其二是產品質量低劣。如福州船廠製造的船艦「運貨不逮商船之多，戰陣不若兵船之勁，是欲求兩便而適以兩誤也」。一八七五年，金陵炮局製造的大炮七門運至大沽炮臺試放，結果兩門大炮炮身炸裂，當場炸死多人，不久又一門炸裂，其餘四門成了廢鐵。

中日甲午戰爭，中國戰敗，洋務派苦心經營的北洋海軍，幾乎全軍覆沒。洋務派內受頑固派的攻擊，外則敗於蕞爾小國日本。愛國知識份子的思想在起變化。他們大都看清楚了虎是不能與之謀皮的。資本主義的發展，就是封建社會和制度的死亡。依靠封建制度而存在的頑固份子是不能接受資本主義生產方式和文化思想的進入和發展的。原來對洋務運動抱希望的人，包括派出的留學生，轉而對洋務運動這條路絕望了，他們大批轉到變法維新的道路上去。洋務派完成了它的歷史任務。

洋務運動是產生於統治者內部的自救運動。它希望在維持現狀下，慢慢地接受西方的科學技術。為了接受西方科技，就得向西方學習，學習西方的科技。為了學習科技，就不得不自己興辦工廠，自己來製造槍炮。一步牽動一步，終至要接受資本主義生產方式，接受西方文化。但在尖銳的政治鬥爭中，洋務派一些人向頑固派低頭，一些人走向變法維新。洋務運動衰歇，跟着變法維新走上政治舞臺。

洋務運動，給我們留下深刻的歷史教訓。他們走的是一條委屈求全的道路。他們不敢惹怒頑固派，主要是慈禧；激進者又不滿意他們的軟弱，他們兩面不落人。中國近代史，在正常發展下是由封建走上資本主義的時代。在這個時代，凡有助或有促進和推動資本主義的前進與發展的，都是有進步意義的。對洋務運動也應做如是觀，但洋務運動也給我們留下一條極重要的經驗教訓，官僚政治從來都是要壞事的。它的結果必然是貪污腐敗，使事業失敗。官辦、官督、官督民辦，都難逃失敗的命運。

三　變法維新和君主立憲

十九世紀七十年代至八十年代，中國出現君主立憲和變法維新的思潮，湧現出一批要求君主立憲、發展私人資本主義的思想家。他們受的是英國君主立憲的影響。他們中有的是英國留學生，有的到英國去過或在商業活動中和英國接觸多。其代表人物有王韜、薛福成、鄭觀應、陳虬等。他們的理想就是在中國興辦工廠、礦場，修鐵路，造輪船，發展民族資本。在他們思想裏逐漸明確和強調的是要求工商業應「不由官辦，專由商辦」，「全以商之道行之，絕不拘以官場體統」（鄭觀應：《盛世危言·商務》）。他們已認識到代議制是西方富強之本。如鄭觀應説：

> 議院者，公議政事之院也。集眾思，廣眾益，用人行政，一秉至公。泰西各國，咸設議院，每有舉措，詢謀僉同，民以為不便者不必行，民以為不可者不得強，朝野上下，同德同心。人第見其士馬之強，船炮之堅利，器用之離奇，用以雄視宇內，不知其折衝禦侮，合眾志以成城，致治固有本也。（《盛世危言增訂新編》卷五《開源》）

鄭觀應認為議院是本，輪船火炮是用，中國只求造船製炮是捨本求末。他說：

育才於學堂，論政於議院，君民一體，上下同心，務實而戒虛，謀定而後動，此其體也。輪船、火炮、洋槍、水雷、鐵路、電線，此其用也。中國遺其體而求其用，無論竭蹶趨步，常不相及，就令鐵艦成行，鐵路四達，果足恃歟？（《盛世危言》初刊《自序》）

官僚政治的弊病，是畏葸、瑣屑、敷衍、顢頇，總之不敢負責。鄭觀應說，這些「皆弊之太甚而不可不去者也。去之之道奈何？請一言以蔽之曰：是非設議院不為功」。（《盛世危言增訂新編》卷五《開源》）陳虬等人都提設議院。

李澤厚教授指出：

改革內政問題，一開始便為近代先進人士所注意，龔自珍、魏源、馮桂芬都提出過許許多多的意見和辦法，但這些意見和辦法大都停留在封建主義「修身齊家治國平天下」老一套圈子裏打轉，並無真正新穎的見解。只有在資本主義開始作為一定社會物質力量存在的條件下，只有在中法戰爭揭穿清朝政府腐敗、國內廣大社會階層要求改革的局勢下，才能真正產生這種雖然弱小但是新生的進步政治要求和政治思想。它空前地在中國歷史上明白提出用資產階級代議制度來改變數千年的君主專制制度的主張，具有重要的思想意義。【三】

在當時的歷史條件下，君主立憲的代議制是最現實的、最合時的道路。不落後，也不躐等冒進。

康梁變法是改良派改革維新活動的最高峰，康梁的改革思想是清末改良派中最有完整理論體系的思想。這個最高峰並不是孤立的而是有社會基礎的。梁啟超說：

> 自時務學堂、南學會等既開後，湖南民智驟開，士氣大昌，各縣州府私立學校紛紛並起，而學會尤盛。人人皆能言政治之公理，以愛國相砥礪，以救亡為己任。其英俊沈毅之才，遍地皆是。其人皆在二三十歲之間，無科第，無官階，聲名未顯著者，而其數不可計算。自此以往，雖守舊者日事遏抑，然而野火燒不盡，春風吹又生。

（《戊戌政變記》附錄二《湖南廣東情況》）

這是湖南的情況。風起雲湧，全國民氣多有如此者。這些都是改良主義出現的社會基礎。

康有為對中國歷史和中國傳統文化都很有修養。他懂得歷史是不斷發展、不斷變化的，他深諳「公羊三世説」。他用「公羊三世説」來論説近現代的歷史演變。他説：

人道進化，皆有定位。自族制而為部落，而成國家，由國家而成大統。由獨人而漸立酋長，由酋長而漸正君臣，由君主而漸至立憲，由立憲而漸為共和。由獨人而漸為夫婦，由夫婦而漸定父子，由父子而兼錫爾類，由錫爾類而漸為大同。於是復為獨人。蓋自據亂進為升平，升平進為太平，進行有漸，因革有由，驗之萬國，莫不同風。……孔子之為春秋，張為三世……蓋推進化之理而為之。（《〈論語〉注》）

康有為的思想中，社會政治進步要分兩步走：第一步先從亂世進入升平，小康社會；第二步再由升平世進入太平世，即「大同」世界。具體到中國，第一步就是君主立憲。這一步只能是自上至下，在朝廷主持下變法維新。

自光緒十四年（一八八八年）至光緒二十四年（一八九八年），康有為數次上疏，陳説變法。

康有為的「大同」思想，保存在他的《大同書》裏。這部書共分十個部分，即：甲、入世界觀眾苦；乙、去國界合大地；丙、去級界平民族；丁、去種界同人類；戊、去形界保獨立；己、去家界為天民；庚、去產界公生業；辛、去亂界治太平；壬、去類界愛眾生；癸、去苦界至極樂。從這十個部分的題目中，已不難看出《大同書》的思想內容。他要去的是自今以往的各種苦源。這些人類痛苦之源是國界、級界、種界、形界、家界、產界、亂界、類界。因為人類有了這些「界」的區分，才生出各種痛苦，萬種痛苦。這是人類以往的苦，康有為要人類破除這些苦源，走上「極樂」世界。「極樂」時代，即「大同」世界、「大同」時代。

康有為和釋迦牟尼一樣，曾長時期思想這些苦，尋找極樂。他自己說：「長夜坐，彌月不睡，恣意遊思天上人間極苦極樂。」（《康有為南海自編年譜》）

康有為也和釋迦牟尼一樣，經過長期思慮找到了他的「極樂」世界。在他的「極樂」世界裏，一切為公，沒有私。「凡農工商之業，必歸之公」，「舉天下之田地，皆為公有」，「凡百工大小之製造廠鐵道輪船皆歸焉，不許有獨人之失業」，「不得有私產之商，舉全地之商業，皆歸公政府商部統之」。總之，「大同之世，天下為公，無有階級，一切平等」。

這是康有為的理想世界，這理想世界只能是「烏托邦」。在康有為的思想裏，沒有從他的升平世君主立憲國家，走進太平世「大同」世的橋樑，他架不起來這個橋樑。

康有為是真實的人。他不是在騙人，也不是在騙他自己。但有一點是清楚的，他反對用革命的手段來實現太平世。他是反對革命的，儘管他架不起由君主立憲到太平世「大同」世界的橋樑，他也反對革命。康有為認為這據亂世、升平世、太平世「三世」是循序漸進的，不能躐等而進。在他看來，中國只能行君主立憲，不能有革命。他在《答南北美洲諸華僑論中國可行立憲不可行革命書》中說：

> 時勢之所在，即理之所在。……蓋今日由小康而大同，由君主而民主，正當過渡之世，孔子所謂升平之世也。萬無一躍超飛之理。凡君主專制、立憲、民主三法，必當一一循序行之，若亂其序則必大亂。（《康有為政論集》）

康有為用歐洲的形勢來伸張他的反對革命的理論，他說：

統計歐洲十六國，除法國一國為革命，實與俄之一國為專制者同，皆歐洲特別之情。其餘十餘國，無非定憲法者，無有行革命者。然法倡革命，大亂八十年，流血數百萬，而所言革命民權之人，旋即藉以自為君主而行其壓制，如拿破崙者，凡兩世矣。……今各國之憲法，以法國為最不善。國既民主，亦不能強，能革其君，而不能革其世爵之官，其官之貪酷壓民甚至，民之樂利，亦不能如歐洲各國。此則近百年來歐洲革命不革命之明效大驗矣。（同上書）

康有為又說：

以中國之政俗之心，一旦乃欲超躍而直入民主之世界，如臺高三丈，不假梯級而欲登之；河廣六尋，不假舟筏而欲跳渡之，其必不成而墮溺，乃必然也。（同上書）

十九世紀九十年代，特別是中日戰爭後，各地有識之愛國知識份子，無不怒憤填胸，痛恨清廷之昏庸，他們起而組織學會、出版報刊、宣傳愛國主義。他們的思想，大多在變法維新、君主立憲的圈子裏。所以九十年代是改良派的天下，康有為有極大的影響和極高的聲望。革命派孫中山的聲勢是不能和改良派相比的。

戊戌變法失敗，維新志士譚嗣同等「六君子」慘遭殺害。時代、機遇捉弄中國和中國人民。這時朝廷大權卻掌握在一群昏庸愚昧的官僚大臣手裏。慈禧聰明機警，卻貪戀權位，缺乏文化修養，缺乏遠見，缺乏雄才大略。但不能説，當時的歷史條件就注定了昏庸頑固反動者必定勝利，變法維新就一定失敗，好像這是命定。朝廷中能產生光緒支持變法，就也可能出現一個太后同情變法、支持變法。如果這時也出現一個像北魏馮太后那樣的太后，出現一個像秦皇、漢武或順治、康熙那樣的皇帝，君主立憲就不是沒有可能。如果清末君主立憲成功，中國走上儘管可能是緩慢的、改良的道路，那以後的歷史就會是另一個樣子，中國就會是另外一個樣子。

偶然、機遇捉弄中國人民，使近代中國人民走上了一條悲壯的道路。它是「壯」的，可歌可泣的，但卻是「悲」的，一批批的民族精英看不見國家民族的復興，就倒下去了。

戊戌變法的失敗，「六君子」的慘遭殺害，是近代中國改良思潮轉向革命思潮的轉折點。

頑固派連改良都不能接受，只有迎接革命了。

四　民主革命和社會主義

孫中山先生的愛國思想和愛國活動，大致始於一八九三年。這一年冬，他和友人陸皓東等人在廣州計劃組織興漢會，綱領是「驅除韃虜，恢復華夏」。這反映了孫中山先生的革命活動和思想是從民族開始的。而這時孫中山的民族主義還是狹隘的民族主義，「驅除韃虜」的含義並不十分明確，是推翻清朝政權，還是把滿人都驅除出去，趕回東北？不明確，思想是狹隘的。

孫中山先生雖然有了「驅除韃虜」的思想，但改良主義的思想仍是很濃厚的，也就在這年十二月，他草擬了《上李鴻章書》。次年一八九四年（光緒二十年）六月，他到天津，把《上李鴻章書》託別人交給李鴻章。

上書的內容代表孫中山這時的思想。在上書裏，他提出「人能盡其才，地能盡其利，物能盡其用，貨能暢其流」四條富國強兵、振興經濟的主張，認為「此四事者，富強之大經，治國之大本」，並對四者的內容做了說明。他批評洋務運動只求「仿行西法，以籌自強」，「而不急於此四者，徒唯堅船利炮之是務，是捨本而圖末」。

孫中山這時所走的道路，仍是戰國以來策士們和改革家如商鞅所走的「求知當道，游説公卿」的道路，仍是當時改良派所走的道路。孫中山抱着正如他自己所説「冀萬乘之尊或一垂聽，政府之或可奮起」的希望，來求一試。但他的幻想落空了。

李鴻章沒有理睬孫中山的上書。這時正是日本發動侵略中國戰爭的前夕，李鴻章的心情正在憂患緊張中，孫中山又是一個沒有名望的小人物，李鴻章是官場老手，自然不會理會他了。

孫中山對清廷絕望。這年十一月，他在檀香山組織革命團體興中會。入會誓詞中，鮮明地提出「驅除韃虜，恢復中華，創立合眾政府」的政治主張，於反清之外，提出要建立民主共和國。因受到美國的影響，故稱「合眾政府」。

孫中山一八九六年九月由美國紐約到英國倫敦，曾一度被清朝使館誘捕，釋放後即留在倫敦，住了將近一年。

這一年，他讀了很多書，又考察了英國的社會經濟情況，比較認真地研究了英國的社會情況和政治制度。這和孫中山的思想變化、發展，是很有關係的。

一八九四年的中日戰爭，戰爭的失敗和次年的《馬關條約》，割讓臺灣、琉球，賠款兩億兩白銀，更使中國人民，特別是其中的精英知識份子日益覺醒。一八九八年，戊戌變法失敗，更使中國的愛國志士認清了清廷的頑固反動面目。

一九〇〇年，八國聯軍侵入北京。慈禧挾光緒皇帝離開北京逃往西安。慈禧也不得不下詔變法，實行一些洋務派和改良派提出過的政治、經濟革新的主張。

十九世紀末二十世紀初，中國的資本主義又有所發展。隨着資本主義的發展，興辦學堂，發展教育，知識份子人數迅速增多起來。選派留學生出國留學的風氣盛行，一九〇四年去日本的留學生就有八千多人。

內憂外患激起了人們的愛國熱情，愛國志士日漸眾多，但愛國救國的道路還有爭論。這一時期，改良派的領袖康有為、梁啟超在海外華僑和留學生中組織保救大清光緒皇帝會（簡稱「保皇會」），主張在保全大清皇帝的基礎上，實行君主立憲，通過自上而下的改革，發展資本主義。

這一時期，改良派君主立憲思想很為人們接受和支持。檀香山本是孫中山革命派的基地，但在這一時期，大部分興中會的會員都被改良派「保皇會」吸引了去。到一九〇三年，「保皇會」在海外的勢力極為膨脹，僅在美洲各地就設立了十一個總部和八十六個支會。興中會被破壞得零落不堪。

孫中山最初很希望和改良派合作，但他的希望很快就幻滅了。他認識到，革命派也要做宣傳、辦雜誌。他們在日本和國內先後出版了大批書報雜誌，宣傳反清和民主思想。其中鄒容的《革命軍》，章炳麟的《駁康有為論革命書》和陳天華的《猛回頭》、《警世鐘》等著作，更是轟動一時，影響很大。

一九〇四年年底，孫中山到歐洲去。他這次到歐洲，不只讀了有關社會主義的書，還和第二國際執行局有了接觸。一九〇五年五月中旬，孫中山在比利時布魯塞爾曾去拜訪第二國際執行局主席王德威爾和書記胡斯曼。他說中國革命已是社會主義運動的一部分，希望執行局接納興中會為第二國際成員。

社會主義的影響，使孫中山有了「平均地權」的思想。他在歐洲和中國留學生組織革命團體的誓詞裏，就有「驅除韃虜，恢復中華，建立民國，平均地權」四項革命目標。

這年七月，孫中山回到日本東京，和黃興等組織同盟會，仍用了「驅除韃虜，恢復中華，創立民國，平均地權」為同盟會的革命宗旨。入會誓詞和同盟會章程裏都用了這四句話。這四句話，反映了孫中山的三民主義思想體系已逐漸形成。在這年（一九〇五年）十一月創刊的《民報》的《發刊詞》裏，孫中山就明確地提出民族主義、民權主義和民生主義。次年，他在《民報》創刊周年紀念會上發表的重要演講（後來標題為《三民主義與中國前途》），對三民主義的基本內容又做了闡述。

民族主義，明確了「驅除韃虜」並非「要盡滅滿洲民族」，而是「定要撲滅他的政府，光復我們民族的國家」。但滿洲民族放在什麼位置？撲滅他的政府，光復我們民族的國家，滿洲民族還是不是中國人？還在不在中國之內？是不是漢人要去統治滿人？這些問題不明確。民族主義是否反對帝國主義，也沒有明確規定。民生主義，只有平均地權，「節制資本」還沒有提出。

一九二四年的《中國國民黨第一次全國代表大會宣言》是孫中山起草的。這時孫中山先生的思想已受到中國共產黨的影響，第一次全國代表大會有中國共產黨人（以國民黨黨員的身份）參加，大會宣言中也包括了他們的意見。但它是孫中山親自起草的，它是孫中山的思想，而且它可以看做是孫中山最後的、最代表自己思想的文件。

在這個宣言裏，孫中山對三民主義的解釋是：「民族主義有兩方面之意義：一則是中國民族自求解放，二則中國境內各族一律平等。」對外「反對帝國主義」，對內「諸民族宜可得平等之聯合」，革命勝利後，「組織自由平等的各民族自由聯合的中華民國」。這裏顯然已接受了蘇聯革命後民族自覺的思想。

「民權主義，則為一般平民所共有，非少數人所得而私也。」「凡真正反對帝國主義之個人及團體，均得享有一切自由及權利，而凡賣國罔民以效忠於帝國主義及軍閥者，無論其為團體或個人，皆不得享有此等自由及權利。」

「民生主義，其最主要之原則，不外二者：一曰平均地權，二曰節制資本。」反對土地「為少數人所操縱」，「使私有資本制度不能操縱國民之生計」。

另外，孫中山在一九二四年所做的《三民主義》的演講（即後來出版的《三民主義》一書）裏，曾說：「民生主義就是社會主義，就是共產主義。」

這是孫中山先生最後的思想，是他整體思想的代表。

孫中山的三民主義思想，主要接受的是西方思想。廣州是中國接受西方文化的前沿地區，鴉片戰爭以前已和英國等國有貿易關係。孫中山的長兄孫眉是檀香山華僑，孫中山幼年即去檀香山並在那裏接受教育。他後來制定「五權憲法」，其中的考試權和監察權是中國傳統制度，但主要的「三權」——行政、立法、司法，仍是西方的。

孫中山的民生主義，平均地權和節制資本，是他在歐洲看到資本主義的弊病，為防患於未然而提出的。他在《三民主義》演講裏說民生主義就是社會主義、共產主義，在《中國國民黨第一次全國代表大會宣言》裏沒有提這句話。孫中山很欣賞列寧的新經濟政策，他說他的思想和列寧的新經濟政策很相近。他在一九二一年年底，於廣西桂林會見列寧的代表馬林以後，在給汪精衛、胡漢民的電報裏說：

蘇俄革命後實行馬克思主義，余甚滋疑，以現世界正在資本主義旺盛時代，俄國工商業不甚發達，共產主義不能單獨成功，其去實行之期尚遠。今聞馬林言，始悉蘇俄行共產主義後，以深感困難，仍改行新經濟政策。此種新經濟政策，其精神與余所主張之民生主義，不謀而合。余深信蘇俄能先實行與余之主義相符之政策，益信余之主義切合實行，終必能成功也。（《孫中山全集》）

在這段話裏，可以看到在孫中山的心目中，當時還是資本主義旺盛的時代，俄國工商業又不甚發達，共產主義的實行之期尚遠，能否在俄國單獨成功，他還很懷疑。那麼社會主義、共產主義在中國能夠實行的時期當會更遠。他認為新經濟政策，其精神和他的民生主義是不謀而合的，可以說都是實行共產主義、社會主義的手段，通向共產主義、社會主義的道路。

把民生主義比做俄國列寧的新經濟政策是十分正確的。七十年後看蘇聯的結果，更可以看到新經濟政策的可貴，我們也可以認識孫中山民生主義思想精神的可貴。在實行民生主義的平均地權方面，孫中山後來又提出「耕者有其田」，聯繫到鄧小平「包產到戶」的政策，亦可見孫中山「耕者有其田」的正確。

讀近代中國歷史，看到中國愛國志士擲頭顱，灑熱血，犧牲精神可歌可泣，不禁掩卷沉思，慨歎於中國人民的不幸。有時不禁幻想：中國人民的不幸是否可以避免？例如：

（一）慈禧太后能不能是一個高瞻遠矚、英明果斷、雄才大略，至少像歷史上北魏文明馮太后那樣的人物？我認為是完全可能的。從唯物觀點來說，當時的歷史條件很可能產生像現實中的慈禧太后那樣的人，但也不能說天命注定只能產生這樣的慈禧，決不可能產生另外樣的慈禧。同樣的大環境，就產生了個光緒皇帝。光緒皇帝自幼生長在王府、皇宮，慈禧還在「民間」待過一段日子，多看過一眼社會，知道一點民間疾苦。假如慈禧和光緒皇帝合作，像北魏文明馮太后和孝文帝的關係一樣，變法維新，推行新政；假如慈禧能夠這樣，以清朝皇帝專制主義的地位，朝臣是不敢反抗的。當時朝廷的大臣中昏庸無能的多，只要保住祿位唯君命是從的多，陰賊險狠，有權略敢於反抗皇帝的還沒有。有一個袁世凱，但他是後起的，在當時還不成氣候。慈禧死後，載灃為攝政王，可以免袁世凱的職回家為民，可知如果慈禧推行新政，他不會搞政變，也無條件搞政變。

（二）假如袁世凱不是一個有術無學的人，能夠在接替孫中山任總統後，勵精圖治，遵守約法，推行新政，發展資本主義，中國又將是另一個樣。也不能說這純屬決不可能的幻想。袁世凱遠比不上曹操，曹操手握國家大權二十四年（建安時期）都不做皇帝。曹操取代漢獻帝比袁世凱成功的可能多多了，但曹操不做。

（三） 孫中山死時才五十九歲。如果孫中山晚死三十年或二十年，到一九四四年或一九五四年去世，中國又將會是一個樣。北伐後的汪、蔣、胡爭權，國民黨的內戰可以避免。以孫中山的思想、精神、氣質看，他會推行三民主義大概是不成問題的。孫中山曾說他的三民主義像列寧的新經濟政策。他推行新經濟政策，正是中國所需。

這三種假設、幻想，並不能說都完全不可能。大的時代條件、社會環境、階級關係，可以決定社會歷史的走向，但這並不排除偶然、機遇、心態、才能，會起一時一代的歷史作用。

嗚呼！近代中國人民，何其不幸耶！

五　五四新文化運動

鴉片戰爭失敗以後，應如何對待西方文化的問題跟着就發生了。頑固的守舊派，反對西方文化，說中國是禮義之邦、天朝大國，什麼都比西方好，不能向西方學習。頭腦清醒的愛國知識份子，已看到中國的不如人，至少西方的堅船利炮要比中國的好。林則徐、魏源都屬於這一派人物。林則徐屬下有專人不斷搜集西方國家的政治社會情況，擬編集《四洲志》。魏源繼林則徐之志，編了《海國圖志》，也就是魏源提出了「以夷攻夷」、「師夷長技以制夷」的思想和主張。

隨着殖民主義者的步步入侵，中國資本主義的發展，愛國主義的深入，如何對待西方文化的問題，爭論就更加廣泛、激烈。十九世紀六十年代至九十年代洋務運動時期，爭論的主要問題是只靠中國固有的文化、封建禮制就可以維持統治，還是需要替之以「採西學」、「製洋器」？一八九四年中日甲午戰爭以後的維新運動時期，爭論主要集中在是維護「三綱五常」、君主專制，還是提倡民權平等、君主立憲？二十世紀初進入辛亥革命時期，對待中西文化的態度和主張，更為多樣化，爭論的問題也有所深入。

八國聯軍入侵以後，慈禧太后審時度勢，也不得不實行變法維新，原來洋務派的指導方針「中體西用」成為她變法的基本調子。在清王朝頒佈的「整頓學堂」的上諭中，就強調「以聖教為宗，以藝能為輔」。「聖教」是中國的，以為宗；「藝能」指西方科技，是西方的，以為輔。在教育宗旨中，就明確規定「以中學為主，西學為輔」。反對光緒皇帝變法維新的慈禧太后成了變法維新的執行者。這是對歷史的諷刺，但這是歷史事實。這樣的歷史事實，在中外歷史上是常見的，慈禧只是一例。

二十世紀初，對待中西文化學術的態度，也出現了極端的思想傾向，一端是「醉心歐化」，一端是「保存國粹」。醉心歐化者，認為西方什麼都是好的，「尊西士為聖神，崇歐人為貴種」；中國什麼都是壞的，「則雖一石一花亦加輕薄」。「國粹派」中雖有幾種不同意見，一般認為儒家倫理綱常的禮教思想，是「經世之具，至精至粹，至可寶貴者」。

以極端的態度對待中西方文化，是不正確的，必導致偏頗或錯誤。

能正確對待這一問題的，當然也不乏人。當時就有人說：「對於我國固有之學，不可一概菲薄，當思有以發明而光輝之；對於外國輸入之學，不可一概拒絕，當思開戶以歡迎之。」應當「吸食與保存兩主義並行」，「拾其精英，棄其糟粕」。魯迅在當時也明確提出：「外之既不後於世界之思潮，內之仍弗失固有之血脈，取今復古，另立新宗。」（《文化偏至論》）這就是說，吸收西方的新思潮，結合中國傳統文化，融會貫通，創造新文化。

對中西方文化持融會貫通態度的，還有中國近代學術史上的著名人物嚴復和梁啟超。嚴復說：「統新故而視其通，苞中外而計其全。」（《與〈外交報〉主人書》）梁啟超解釋「新」的含義說：「一曰淬厲其所本有而新之，二曰採補其所無而言之。二者缺一，時乃無功。」

以上所談，是近代中國愛國知識份子對待中西文化的態度，對西或主吸收，或主排斥；對中或主保存，或主廢棄。也有主張對兩者兼容並包，去其糟粕，取其精華，融會貫通，創造新文化。對於取什麼去什麼，這時期談的較少，而這正是重要的核心問題。到五四新文化運動時期，這問題才大張旗鼓地展開了。

辛亥革命失敗了。辛亥革命打倒了一個皇帝，卻換來了無數土皇帝。袁世凱稱帝失敗，中國分崩離析，各地各省軍閥都在地方上稱霸稱雄做起土皇帝來。舊社會的社會制度、封建禮教、愚昧無知，依然沒有被觸動，而且辛亥革命失敗後，在思想文化方面出現了一股尊孔復古的逆流，反對民主、自由、平等的叫喊聲一時甚囂塵上。戊戌變法時期的維新領袖康有為竟然倒退到大呼：

> 今天壇不祀，殆將經年，其他百神，殆將廢祀。甚至孔子文廟，亦廢丁祭，遂至全國禮壞，樂崩，人心變亂，併五千年中國之禮教而去之。若堯、舜、禹、湯、文、武、周公、孔子而有知，應無不悼心而泣血也。（《議院政府無干預民俗説》）

面對這種形勢，愛國知識份子慢慢意識到，要鞏固共和團體，使中國走向富強，不是只打倒皇帝就能辦得到的，必須改變舊時代的制度和禮教，這是舊社會所以為舊社會的根。要發動一次新文化運動，揭起這面大旗的是陳獨秀。他在《舊思想與國體問題》中說：

這腐敗思想佈滿國中，所以我們要誠心鞏固共和國體，非將這班反對共和的倫理文學等等舊思想，完全洗刷得乾乾淨淨不可。否則不但共和政治不能進行，就是這塊共和招牌，也是掛不住的。

五四新文化運動，可以從一九一五年陳獨秀在上海創辦《青年雜誌》算起。一九一六年《青年雜誌》搬到北京，改名為《新青年》。陳獨秀以外，李大釗、魯迅、胡適都是《新青年》的經常撰稿人。

五四新文化運動，旗幟鮮明地反對舊禮教，解放個性，擁護「德先生」、「賽先生」。大張旗鼓地打倒封建文化，擁護資本主義文化。後期，李大釗、陳獨秀又引進馬克思主義。歷史上，中國只有家，只有家庭成員，沒有個人，個人只是家庭成員。是父就要慈，是子就要孝。兄要友，弟要悌，女人更無地位。資本主義重個人，人人都是公民，公民組成國家。國家對公民負責，公民對國家負責。

關於「人」的問題，清末就有人提出來了。戊戌變法時期，嚴復就提出「鼓民力，開民智，新民德」。梁啟超也宣傳塑造有獨立自主人格的「新民」。不用解釋，他們所說的「民」就是「人」。中國社會由封建社會向資本主義轉化中，就包括家庭成員的沒有獨立人格的「人」向有獨立自主人格的「人」（新民）的轉化。嚴復、梁啟超的話，反映了「人」開始覺醒。

新文化運動時期，陳獨秀等人強調人要有獨立自主的人格，強調人是社會的基礎、國家的基礎。這是人的解放的進一步發展。陳獨秀說：

> 社會是個人集成的，除去個人，便沒有社會。所以個人的意志和快樂，是應該尊重的。（《人生真義》）

> 集人成國，個人之人格高，斯國家之人格亦高；個人之權鞏固，斯國家之權亦鞏固。（《一九一六年》）

陳獨秀已認識到獨立自主人格的「人」和資本主義的關係。他指出：

現代生活，以經濟為之命脈，而個人獨立主權，乃為經濟學生產之大則，其影響遂及於倫理學。故現在倫理學上是個人人格獨立，與經濟學上是個人財產獨立互相證明，其說遂至不可動搖。而社會風紀，物質文明，因此大進。（《孔子之道與現代生活》）

兩千年的家庭「成員」，現在成了「人」！但也只是開始變，還未變成！陳獨秀也把有獨立自主人格的人和近代民主國家聯繫起來。他說：

近世國家主義，乃民主的國家，非民奴的國家。民主國家者，真國家也。國民之公產也。以人民為主人，以執政為公僕者也。（《今日之教育方針》）

陳獨秀猛力抨擊封建倫理綱常。誰束縛了個性？束縛了人？儒家禮教。五四運動的第一大貢獻，即在打倒禮教。陳獨秀說：

宗法制度之惡果，蓋有四焉：一曰損壞個人獨立自尊之人格，一曰窒礙個人意志之自由，一曰剝奪個人法律上平等之權利，一曰養成依賴性，戕賊個人之生產力。

（《東西民族根本思想之差異》）

陳獨秀說，「三綱五常」之說造成「率天下之男女，為臣、為子、為妻，而不見有獨立自主之人格」。（《一九一六年》）

為了解放個性、解放人，「五四」時期對中國舊文化傳統中的儒學主流——忠孝、「三綱五常」等進行了猛烈的攻擊和批判。

陳獨秀批判儒家的「三綱五常」說：「儒者以綱常之教，為人子為人妻者，既失個人之獨立人格，復無個人獨立之財產。」（《孔子之道與現代生活》）

當時反綱常禮教最激烈的要算吳虞先生了。胡適在《吳虞文錄．序》裏說：

吳先生（又陵）和我的朋友陳獨秀是近年攻擊孔教最有力的兩位健將。吳虞寫了一篇《吃人與禮教》，他在這篇文章裏說：「我讀《新青年》魯迅君的《狂人日記》，不覺得發了許多感想。我們中國人最妙是一面會吃人，一面又能夠講禮教。吃人與禮教，本來是極相矛盾的事，然而他們在當時歷史上，卻認為並行不悖的。這真是奇怪了！……孔二先生的禮教，講到極點，就非殺人吃人不成功，真是殘酷極了！一部歷史裏面，講道德説仁義的人，時機一到，他就直接間接的都會吃起人肉來了。（《吳虞文錄》上卷）

明末學人李卓吾反禮教最激烈。吳虞對李卓吾的言論極欣賞，他在《明李卓吾別傳》裏引李卓吾的話説：

二千年以來無議論。非無議論也，以孔子之議論為議論，此其所以無議論也。二千年以來無是非。非無是非也，以孔夫子之是非為是非，此其所以無是非也。（同上書）

真理不怕辯論，真理愈辯愈明。辯證法的本義就是對話辯論。天下只有一種是非，一人説了算，是會阻礙社會進步、思想文化進步的。

李大釗則對孔子儒家綱常名教這一套思想是必然要被破壞的給了唯物史觀的解釋，

他說：

中國的綱常、名教、倫理、道德，都是建立在大家族制度上的東西。中國思想的變動，就是家族制度崩壞的徵候。……我們可以正告那些鉗制新思想的人，你們若是能夠把現代的世界經濟關係完全打破，再復古代閉關自守的生活，把歐洲的物質文明、動的文明，完全掃除，再復古代靜止的生活，新思想自然不會發生。你們若是無奈何這新經濟勢力，那麼只有聽新思想自由流行；因為新思想是應經濟的新狀態社會的新要求發生的，不是幾個青年憑空造出來的。（《由經濟上解釋中國近代思想變動的原因》）

這就是說，一代思想是一代社會的產物，社會變了，思想就會跟着變。批判儒家的綱常名教，自然會連及孔子。李大釗說：「孔子者，歷代帝王專制之護符也。」陳獨秀說「尊孔」是為了復辟，「蓋主張尊孔，勢必立君；主張立君，勢必復辟」（《復辟與尊孔》）。

但陳獨秀、李大釗對於孔子的評價還是實事求是的，不是一棍子打死。陳獨秀說：

「反對孔教，並不是反對孔子個人，也不是說他在古代社會無價值。」（《孔教研究》）「使其於當時社會無價值，當然不能發生且流傳至於今日。」（《四答常乃悳》）

吳虞給陳獨秀的一封信裏，對於反對後世對孔子學說的利用並不是反對孔子，說得更清楚，他說：

> 不佞常謂孔子自是當時之傳人，然欲堅執其說以籠罩天下後世，阻礙文化之發展，以揚專制之餘焰，則不得不攻之者，勢也。梁任公曰：「吾愛孔子，吾尤愛真理。」區區之意，亦猶是耳，豈好辯哉！（《吳虞文錄》）

社會上廣泛流行着一句話，說五四運動「打倒孔家店」。好像五四運動是要打倒孔子。這有點誤會。胡適給吳虞的《吳虞文錄》寫的序中，稱讚吳虞是「隻手打孔家店的老英雄」。「打倒孔家店」大約是從這裏傳出來的。

五四新文化運動大力宣傳「德先生」、「賽先生」。陳獨秀在《本志罪案之答辯書》中說：

要擁護那德先生（民主），便不得不反對孔教、禮法、貞節、舊倫理、舊政治。要擁護那賽先生（科學），便不得不反對舊藝術、舊宗教。要擁護德先生民主又要擁護賽先生科學，便不得不反對國粹和舊文學。

為了擁護「德先生」、「賽先生」，不怕斷頭流血。他說：

西洋人因為擁護德、賽兩先生，鬧了多少事，流了多少血；德、賽兩先生才漸漸從黑暗中把他們救出，引到光明世界。我們現在認定只有這兩位先生，可以救中國政治上、道德上、學術上、思想上一切的黑暗。若因為擁護這兩位先生，一切政府的壓迫，社會的攻擊笑罵，就是斷頭流血，都不推辭。（《本志罪案之答辯書》）

讀李大釗、陳獨秀、康有為、孫中山等近現代人物的著作，會感到親切。有些他們提到的問題，今天仍是有受重視的價值的。

以上概括地看了一下自鴉片戰爭到五四運動前後七八十年間的文化思潮。這些思潮，主要是為中國國家民族找出路。

這個時代，是中國由封建社會、半殖民地半封建社會向資本主義社會過渡的時代。西方殖民主義者的大炮打開了中國閉關自守的大門，而中國的專制君主統治者還在昏昏庸庸以天朝自大，繼而昏庸、腐敗，向洋人屈膝。中國人民、先進份子，是在這種形勢下為中國找出路。正確的道路，就是接受西方新文化、新思想、新科技，接受資本主義。接受得越快，過程越短，中國人民所受的痛苦越少。

尋找道路的任務，前人還沒有完成。任務落到後人的肩上。

注釋：

【一】參見蘇雙碧：《洪秀全傳》，北京：大地出版社一九八九年版。

【二】參見《洋務運動史論文選》，北京：人民出版社一九八五年版，第四〇五頁。

【三】李澤厚：《中國近代思想史論》，北京：人民出版社一九八六年版，第五七頁。

第六講

中國文化的未來

吸收西方文化求得中國現代化後，譬如說幾十年後中國文化的未來將如何？這是我要講的「中國文化的未來」的本體了。答案是：這要看今後人類社會發展的大趨勢，以及中國文化和未來社會的適應性如何。中國文化如果適應這個未來社會發展趨勢，它就會繼續發揚光大；否則衰落。

我看它是適應的，會發揚光大的。

一　光輝的過去

我們說事物的未來，通常可包括兩種情況：一是一種事物的過去和現在都在正常形勢下發展，這時瞻望它的未來；一是事物遇到了特殊情況，出現了問題，這時瞻望它的未來。我們說中國文化的未來，包括兩者，主要是後者。中國文化能繼續存在和發展下去，本來是不成問題的，只是近代中國遇到了麻煩，近代中國文化遇到了西方文化，比輸了，就出現了有無前途的問題。

近代中國，是一個大變動的時代——天翻地覆的大變動時代。幾千年來，中國文化和西方文化，一個在亞洲，一個在歐洲，風馬牛不相及，各自獨立發展，形成了東西兩大文化系統，彼此很少接觸。到了近代，西方國家忽然飄洋過海來到中國，敲打東方各國和中國的大門。他們帶來的是西方文化，是堅船利炮，是資本主義，是個人自由，是科學和民主。這一切都是和中國文化相抵觸的。這是一場東西文化的大接觸，大較量，大會戰。西方進攻，中國大敗，於是就有人對中國文化持全盤否定的態度，認為中國應當全盤西化。

中國文化決不會滅亡，也決不會被西方文化所代替。對中國文化的未來，我看要分兩個階段來看：一是近期，假定說二三十年，中國還要繼續以吸收接受西方文化為主。中國的出路，在現代化。現在中國正走在現代化路上，既然如此，就要吸收西方的科學技術和民主。沒有科學和民主，現代化是難實現的。二是譬如說二三十年後，中國文化在吸收融會西方文化後，又會發揚光大。中國文化，會是未來人類社會所需的，合乎人類未來時代需要的。

幾千年來，人類文化是不斷發展，不斷演變的。沒有任何一個文化系統是自古以來就是現在這個形象的。發展演變，一般是兩條腿走路：一是自身的演進，二是從外界吸收接受。任何一種文化，在它的發展過程中都是不斷受外來文化影響，不斷吸收外來文化的。吸收外來文化，這是任何文化發展過程中的自然現象。文化發展，好像一條河流，自源頭一路往下滾流，沿途條條小水前來滙合，然後成為滔滔滾滾的大江。文化的發展演變亦是如此。

對於中國傳統文化的形成，亦當做如是觀。就以儒學為例，孔子死後，儒有十家，家家不同；漢儒尊孔，漢儒已不同於孔；宋儒又不同於漢儒；現代又有新儒學，新儒學既不同於宋儒，也不同於漢儒。但是，它們是一條傳統、一條大河。

文化沒有一成不變的。時代變了，文化要隨着變。兩種文化發生接觸，就會互相吸收，豐富了自己，也改變了自己。這也是自然規律。

從歷史上看，漢族的文化從周邊民族文化中吸收的是不少的。音樂、舞蹈、生產、生活用品，都從其他民族吸收了不少東西。中國傳統文化，就是這樣逐步融合，逐步擴大，逐步豐富的。

文化接觸，互相吸收中，表層文化，日常生活用品和體育、文化娛樂方面的用品，容易接受；觸及到風俗習慣、政治體制、人倫道德、社會形態等文化深層的事物，就不容易接受。

一般說，在一個民族歷史的向上發展階段，開明智慧的人物在位（政治上在位，社會上也在位），對外界文化就易於接受；如果外來文化到來的時候，正是這一民族社會歷史走下坡路，昏庸腐敗的人在位的時期，外來文化就會被排斥拒絕。越是觸及傳統文化的根基，越會被強烈反對、排斥、拒絕。

西方文化來到中國的時候，中國社會正在走下坡路，而且西方文化是跟着堅船利炮打進來的。西方文化傳播的急先鋒是傳教士。堅船大炮衝進沿海，也衝到內地。傳教士也跟着走到沿海，也走到內地。他們比炮船走得還遠，他們走進城市，也走到窮鄉僻壤。這就引起西方文化和中國文化的碰撃。

西方文化和中國文化的碰撃，先後激起兩次大衝突：一次是太平天國，一次是義和團。

洪秀全接受天主教教義，結合農民反窮困、反封建壓迫的要求，提出男女平等、《天朝田畝制度》等，對抗中國傳統文化。它不但觸及中國風俗習慣、政治體制、清朝政權，也觸及中國文化的深層、名教、倫理綱常、社會體制、財產關係，觸及地主階級的直接利益。但它是由洋教引起的，湘軍創建人曾國藩的《討粵匪檄》罵洪秀全：「舉中國數千年禮義人倫、詩書、典則，一旦掃地盪盡。此豈獨我大清之變，乃開闢以來名教之奇變，我孔子、孟子之所痛哭於九泉。」

曾國藩是以中國文化對抗西方文化。

傳教士所到之處，欺壓中國人民，信奉洋教的中國教徒也跟着欺壓中國人民。天主教教義和中國名教綱常，對立多，和諧少。兩種文化碰擊，激起中國人反對洋教。

又一次是義和團，義和團比較複雜。它原是「扶明滅清」的，後來為清朝政府所用，成為「扶清滅洋」的組織。農民的意識，多是保守的。在經濟利益上，它是反對剝削，反對地主階級的剝削統治的，但它的意識是受地主階級的影響的。它是舊文化倫理綱常的支持者。義和團運動，是又一次中國文化對抗西方文化運動。

先進的東西，總是會為人羡慕接受的，這是什麼力量也擋不住的。擋和抵抗，只能推遲時間，終究還是要吸收接受的。太史公司馬遷說過：

> 夫神農以前，吾不知已。至若《詩》《書》所述虞夏以來，耳目欲極聲色之好，口欲窮芻豢之味，身安逸樂，而心誇矜勢能之榮。使俗之漸民久矣，雖户說以眇論，終不能化。（《史記·貨殖列傳》）

司馬遷很懂歷史的辯證發展。

近代中國，對西方文化就是：一面抵抗、一面退卻，又一面自願或不自願地一步步地接受。

鴉片戰爭後，魏源提出「師夷之長技以制夷」。「師」就是以西方為師，是學習西方的堅船利炮。洋務運動採用資本主義生產方式創辦槍炮、紡織、冶鐵、郵電、礦務等廠局，設立新式學堂，興辦教育。他提出「西學為用，中學為體」。採用西學，仍以中學為本。但西學為「用」，已於堅船利炮之外，用到工礦企業資本主義生產方式。順便說一句，由於近代思潮的激進，我們對洋務運動的評價太低了。洋務運動使中國資本主義很有發展，成功多被抹殺了。甲午中日戰爭後，康有為在維新運動中又提出君主立憲，觸及到政治體制了。孫中山提出「創立民國」的口號，還提出「民生主義」。孫中山已接受西方的民主思想，主張學習西方廢除君主專制，建立民主共和國，並以國家資本主義代替中國落後的工農業經濟。

到現在為止，我們已接受了不少西方文化。從生活上看，我們吃的有西餐，穿的有西裝，住的是洋式樓房，坐的是汽車、火車、飛機，馬路代替了土路，行的是握手、鞠躬禮。如果現在把清朝人從墳墓裏請出來，起死回生，讓他們看看現在的中國，會驚訝是外國了。

儘管過去我們已經吸收接受了不少西方文化，到目前為止我們在生活、生產方式上已很大程度地西方化了，但我們還「化」得不夠。我們還沒有完成我們的現代化任務，今後在完成現代化任務中，我們還要不斷地吸收接受西方文化。所以我說「中國文化的未來」的第一步，譬如說幾十年內，仍要以吸收接受西方文化為主。其中最主要的仍是科學和民主。我們要現代化，就要科學和民主。

文化較量，總是先進的戰勝落後的。近代中國，政治軍事上是戰敗者，文化上也是戰敗者。大量西方文化能進入中國為中國所接受，就是因為它是先進的。西方文化比中國文化先進一個社會階段，這大約是沒有問題的。因為誰也不能不承認，中國現在正在繼續進行現代化。資本主義是比中國舊社會高出一個檔次的社會。更具體地說，無論說中國舊社會是什麼社會，封建社會或半殖民地半封建社會，中國不是資本主義。但明清以來，中國已有資本主義萌芽。這就說明中國也會向資本主義社會方向走的。這也就說明資本主義社會是先進的，中國社會是落後的。中國社會比資本主義社會落後一個階段。中國文化是前於資本主義的文化，西方文化是先進的文化。

二　燦爛的未來

今天所能看到的世界走向或說大趨勢，有幾點很顯著：

一大趨勢是走向一體化。

人類歷史，本來就是逐步擴大的。最初，人類是在氏族、部落體內生活，氏族部落之外就是另外的世界。其後出現國家、民族國家、帝國。秦漢帝國、羅馬帝國、波斯帝國，都包括了許多被兼併的國家、民族。

當前世界的一些動向，也給我們顯示了世界的大勢所趨。第一次世界大戰後，出現國際聯盟，也出現歐洲聯邦的呼聲。第二次世界大戰後，出現了聯合國。出現經濟上的合作或聯合，如北美自由貿易圈、東南亞經濟同盟、歐洲聯盟。這些都反映了在政治上、經濟上世界大勢所趨，都趨向於一體化。高水平的經濟發展，各地區經濟的互相依存，要求不受國界的束縛，向更大的一體化上走。這是歷史大趨勢。無論要走多長時間，中間會有多少反復、挫折，但大勢所趨是走上一體化。這個大趨勢是誰也阻止不住的。

另一大趨勢是和平。

和平將代替武力。

從歷史上看，人類生活範圍的擴大主要是通過武力征服來完成的，氏族部落到部落聯盟，到國家，到大帝國，都是通過武力征服，很少以和平手段實現的。戰爭是殘酷的，人類卻竟然戰爭了幾千年。爭城以戰，殺人盈城；爭地以戰，殺人盈野。但戰爭手段已不適於今後的世界。今後世界大趨勢必然是和平的，通過和平道路走向世界政治經濟的一體化。這可以從兩方面來看：第一，殺人武器的發展，使人類不能再戰爭。原子彈、氫彈可以毀滅人類，生物、化學、細菌武器都足以毀滅人類。戰爭的結果，毀滅了敵人也毀滅了自己。到這時候，戰爭已失去了作為解決問題的手段的價值。這些武器——原子彈、氫彈，一部分生物、化學、細菌武器，都是我們所已看到的。今天的科學，突飛猛進，一日千里，未來時期，殺人的武器還不知要發展到何樣水平。但武器越可怕，戰爭的可能性就越小。第二，資本主義＋計劃經濟＋社會福利，其前途必然是中產階級的穩定、強大和健康發展。這是使世界走向和平、民主道路和在和平、民主中進步、發展的保證。

一個健康的社會，都是中產階級佔優勢的社會。中產階級愛和平，要求民主、改良，在民主、改良中進步。只要社會中的中產階級能夠維護住它的強有力的地位，理性就會戰勝愚昧，世界就會和平、健康地發展下去。

世界上小的戰爭還是會有的，但戰爭必然是在落後地區發生。哪裏落後，哪裏就有戰爭。物質生活和文化素質，總是同步發展的。人類總是哪裏物質生活水平高，哪裏就教育發達、文化素質高。「打」和「鬥」，與文化素質有關係。人的文化素質越高，「打」、「鬥」就會越少。文化素質的高低，是以物質生活水平的高低為基礎的，生活水平越高，

「打」、「鬥」就越少。

世界性的大戰，也難說絕對不可能發生。現在已有些跡象，使人產生隱憂。第二次世界大戰後的歷史發展軌跡，很有些像第一次世界大戰後。把兩次世界大戰後走的路比較一下，是使人吃驚和會引起警惕的。其歷史有這幾個階段——

第一次世界大戰後：

（一）強烈要求和平。戰爭創傷使人痛苦，加以生產破壞，人間窮困，生活困難。反戰、希望和平的願望非常強烈，愛和平的聲浪壓倒一切，於是就出現了國際聯盟，還出現了歐洲聯邦的呼聲。

（二）逐漸出現小摩擦，小戰爭。

（三）法西斯興起，在義大利、德意志取得政權。日本軍國主義掌握軍政大權。

（四）日、意、德對外侵略，發動戰爭，終至引起世界大戰。

第二次世界大戰後：

（一）強烈要求和平，出現聯合國，出現歐盟等和平聯合組織。同第一次世界大戰後第一階段。

（二）逐漸出現小摩擦、小戰爭。同第一次世界大戰後第二階段。

（三）　看到了法西斯抬頭的苗頭。德國有新納粹組織和活動；日本有人鼓吹：日本在中國和東南亞的侵略不是侵略，是反西方殖民主義，是謀求亞洲解放、共存共榮。「侵略」兩字在日本教科書裏都不能出現。有的日本內閣大臣也昂首走進靖國神社，參拜戰犯為民族英雄了。同第一次世界大戰後第三階段前部。

（四）　將走向何方？第二次世界大戰後的歷史，前三個階段都是沿着第一次世界大戰後的足跡亦步亦趨地走的。「一戰」之後的第三階段後是戰爭，「二戰」之後的第三階段後將如何？使人擔心。

但是，即使瘋人會又一次掌握人類的命運，又一次發動世界大戰，大半人類被毀滅，戰後人類仍是要走和平道路的。

和平最終總會戰勝戰爭。人類的未來，終究是和平。

世界未來的再一大趨勢是世界「大同」。

「大同」的核心含義是「天下為公」，或者說就是共產主義。在蘇聯解體以後，我們對這個問題是可以坐下來加以深刻研究了。共產不是一呼就來，一蹴就到的。實現共產主義的道路，馬克思、恩格斯都提出要兩條腿走路：一是和平民主的道路，二是武裝革命。他們還都強調過和平道路。馬克思說：「凡是利用和平宣傳能更快更可靠地達到這一目的的地方，舉行起義就是不明智的。」〔一〕恩格斯對「能不能用和平的辦法廢除私有制」的答案是「但願如此，共產主義者也會是最不反對這種辦法的人」。〔二〕他在另外的地方又說：「我們首先就要採取措施，使我們能夠在實現社會關係的變革的時候，避免使用暴力和流血。要達到這個目的只有一種辦法，就是和平實現共產主義。」〔三〕馬克思、恩格斯之後，共產主義兵分兩路前進，第二國際認為資本主義的發展，會由帝國主義而超帝國主義而通過和平民主道路演化到社會主義。第三國際主張暴力革命。時至今日，資本主義的演化道路，世界政治經濟一體化的趨勢和世界和平的趨勢，大體都是沿着第二國際所分析的道路前進的。這使我們相信，「大同」、共產是世界大勢所趨，但道路是和平的，暴力可能是不必要的了。

從這三種大趨勢瞻望未來世界，可以看到未來世界是一體化的、和平的、天下為公的。前二者不太遠就可能實現，後一者需要時間，可能很長時間。

我們在前幾講，已講過中國文化的主要精神是和平、友愛，是「中庸之道」、不過激、不不及，是「四海之內皆兄弟也」，是天下為公。這種文化，是和世界未來的趨勢合拍的，在未來世界是會佔有重要的地位的。

這裏，我要特別強調的是：中國的傳統文化中就有世界「大同」、天下為公的思想。

《禮記．禮運篇》有：「大道之行也，天下為公。選賢與能，講信修睦。故人不獨親其親，不獨子其子，使老有所終，壯有所用，幼有所長，鰥寡孤獨廢疾者，皆有所養；男有分，女有歸。貨惡其棄於地也，不必藏於己；力惡其不出於身也，不必為己。是故謀閉而不興，盜竊亂賊而不作，故外戶而不閉，是為大同。」

康有為有《大同書》，但他的思想遠遠超出了《禮記．禮運篇》。他發揮了天下為公的「公」字。他認為人是受各種「界」（即各種界限，各種網）所束縛的，各種「界」都為人帶來痛苦。人要破除「諸苦界」，破除國界、族界、家界、財產私有界。這些「界」，是苦根。破除這些苦界，人才能到達極樂境地，即「大同」世。康有為的思想，是深刻、高明的，問題在他是幻想。他對走向「大同」的道路，沒有想法。他是茫然的。

孫中山先生就常書寫「天下為公」四字送人。天下為公的思想，是中國傳統文化中的精髓。

中國文化是有生命力的，有光榮前途的。

注釋：

【一】馬克思、恩格斯：《馬克思恩格斯全集》第十七卷，北京：人民出版社，第六八三頁。

【二】同上書，第四卷，第三六六頁。

【三】同上書，第二卷，第六二五頁。

責任編輯　楊　帆
封面設計　吳冠曼
封面攝影　吳冠曼

書　　名　中國文化六講
著　　者　何茲全
出　　版　三聯書店（香港）有限公司
香港鰂魚涌英皇道一〇六五號一三〇四室
Joint Publishing (H.K.) Co., Ltd.
Rm. 1304, 1065 King's Road, Quarry Bay, Hong Kong
香港發行　香港聯合書刊物流有限公司
香港新界大埔汀麗路三十六號三字樓
印　　刷　深圳恆特美印刷有限公司
深圳市寶安區龍華民治橫嶺村恆特美印刷工業園
版　　次　二〇〇九年四月香港第一版第一次印刷
規　　格　大三十二開（140×210 mm）一八八面
國際書號　ISBN 978 . 962 . 04 . 2838 . 8